BAMBAM

COMO *CHOCAR* O MUNDO EM
36 SEGUNDOS

11 PREFÁCIO | por Pablo Marçal

17 INTRODUÇÃO

23 CAPÍTULO 1 | Raízes fortes

33 CAPÍTULO 2 | O topo do mundo começa dentro de você

47 CAPÍTULO 3 | *Sonhicídio* existe

57 CAPÍTULO 4 | Maria Eugênia: A arte de potencializar a sua história

65 CAPÍTULO 5 | O esporte salva vidas

75 CAPÍTULO 6 | Várias performances: Uma máquina de guerra

83 CAPÍTULO 7 | A energia dos 36 segundos

95 CAPÍTULO 8 | Não se acostume com o topo

111 CONCLUSÃO | 24/02/24

121 O BAMBAM DO BRASIL | por d. Sueli

129 UM CORAÇÃO CONQUISTADOR | por Solange, esposa do Kleber

Algumas pessoas depositam sua fé no destino, outras veem o acaso como guia, mas os verdadeiros vencedores colocam sua confiança em si mesmos. Portanto, mantenha seu foco inabalável e tenha a certeza de que Deus está sempre ao seu lado.

AGRADECIMENTOS

Sou grato a Deus por me guiar, proteger e capacitar para realizar todos os meus sonhos. Agradeço aos meus pais e à minha irmã; em minha família sempre encontrei apoio e unidade, não posso negar que essa é a minha base.

Agradeço à minha esposa Solange, a mulher que escolhi para estar ao meu lado e que é prova do cuidado de Deus para comigo.

Agradeço ao Pablo Marçal, que depositou sua confiança em mim e em meu trabalho; da mesma forma, agradeço aos meus treinadores Wallace Arcanjo e Lino Barros.

por Pablo Marçal

PREFÁCIO

Um dos meus jargões mais conhecidos é "Vá cuidar de sua vida", e eu não poderia escolher outro para iniciar este prefácio. Kleber Bambam é um cara que entendeu na essência o que significa cuidar da própria vida. Se você o conhece através das redes sociais, já deve saber um pouco de sua trajetória e como foi persistente na busca por seus sonhos.

Como a maioria de vocês, eu conheci o Bambam quando ele participou do *Big Brother Brasil*. A cena mais marcante, com certeza, foi a da boneca Maria Eugênia, na minha concepção, uma jogada de mestre, de quem sabe aproveitar as oportunidades. Prova disso é que a cena do Bambam chorando dentro do confessionário tornou-se icônica.

COMO CHOCAR O MUNDO EM 36 SEGUNDOS

Como se não bastasse esse grande storytelling, mais de vinte anos depois Bambam conseguiu novamente invadir os lares brasileiros com uma luta que ficou para a história; é inegável que chocou o mundo em 36 segundos. Ele foi motivo de riso para muitas pessoas, mas o que poucos entenderam é que Kleber foi intencional desde o momento em que atraiu o adversário para a luta. O cara mostrou-se um grande estrategista.

A trajetória de Bambam, da glória no *Big Brother Brasil* ao confronto decisivo com Acelino Freitas, e a incrível habilidade de transformar em um novo começo o que para muitos seria o fim, constitui a essência desta obra. Não combina comigo soltar frases clichês, mas neste livro você verá que derrotas não são o oposto de vitórias; são apenas capítulos necessários na história da superação pessoal.

Bambam nos oferece mais do que uma história; ele dá uma lição de vida. Não a lição que se encontra nos livros de autoajuda, mas aquela aprendida no calor do combate, em que cada golpe absorvido fortalece mais do que qualquer palavra de encorajamento.

Então, respire fundo, bora aprender e se surpreender com a narrativa de quem sabe criar um bom storytelling.

TMJADF*!

---

* "TMJADF" é uma expressão muito utilizada por Pablo Marçal e seus seguidores cujo significado é: Estamos juntos até depois do fim.

PREFÁCIO

Pablo Marçal é cristão, filantropo, empreendedor imobiliário e digital, mentor, estrategista de negócios e especialista em *branding*. Casado com Ana Carolina Marçal e pai de Lorenzo, Benjamin, Miguel e Isabela, já escreveu mais de cinquenta livros, entre eles, *8 caminhos que levam à riqueza* e *Como fazer um milhão antes dos 20* (em coautoria com Marcos Paulo), ambos pela Buzz Editora.

INTRODUÇÃO

— Popó, você está falando um monte de m***. Não estamos brigando na internet, apenas fazendo uma rivalidade aqui. Eu vou aí e te meto a porrada. Vi sua luta com o Pelé, entrou um cruzado e você foi seminocauteado, todo mundo sabe disso. A gente luta no final do ano, sem problemas. Bate o peso, 84kg, que eu já vi que você está gordinho. A genética já foi e você já foi um campeão, tem a obrigação de tentar bater na gente, mas não vai conseguir. Vou jogar um cruzado e você vai cair. Vou arrancar sua cabeça.

— Se eu desafio alguém, eu arco com as consequências e também com o salário do cara, que no boxe se chama bolsa. Diferentemente do Bambam, o esquecido. A m*** do Bambam que está falando um monte de besteira, querendo lutar comigo. Bambam, seu esquecido, você tem que respeitar minha história. Quem dá moral para m*** é penico.

COMO CHOCAR O MUNDO EM 36 SEGUNDOS

E foi assim que, em março de 2023, intencionalmente iniciei uma série de provocações a Acelino Popó Freitas, que culminaram no desfecho que me colocou no topo das notícias e me levou a ser o número 1 do Brasil mais uma vez.

Se fizer uma busca no Google, é possível comprovar que meu nome foi o mais pesquisado em três contextos diferentes no país. Digo isso não com arrogância ou prepotência, mas para salientar que eu trabalhei para que isso acontecesse. Minha história foi construída, nada aconteceu por acaso. Sou aquele que conseguiu transformar momentos que seriam breves em oportunidades incríveis para alcançar o sucesso. Observe que não falei de fama, porque ter fama não é sinônimo de ser bem-sucedido.

Quem sabe você, que está lendo este livro, só me conheceu devido à luta que tive com o Popó, ou quem sabe você já me conhece de longa data, desde que ganhei o primeiro *Big Brother Brasil*, em 2002; independentemente de como me conheceu, neste livro apresentarei minha trajetória e alguns dos processos que me levaram ao sucesso que tenho hoje e me permitiram estar em evidência no cenário brasileiro pela terceira vez.

Sou um cara resiliente e sempre soube aonde queria chegar, por isso fui em busca do que visualizei ser o melhor a fazer para conquistar meus sonhos. Muitos me conhecem pelo que dizem sobre mim; mas a partir de agora você saberá a versão da história que decidi escrever para mim.

Acredito que os livros tenham uma mensagem para entregar. Uma das minhas missões aqui é, por meio da minha história, e

INTRODUÇÃO

citando exemplos, tanto de acertos quanto de erros, contribuir para a sua biografia de sucesso.

Minha história se entrelaça com as lições aprendidas no caminho: a importância de sonhar grande, a coragem necessária para perseguir esses sonhos e a resiliência indispensável para transformar obstáculos em oportunidades. Ao compartilhar essa trajetória, espero inspirar não só aqueles que buscam sucesso nos holofotes, mas também qualquer pessoa que enfrenta suas próprias batalhas diárias. Que este relato sirva como lembrete de que o topo do mundo realmente começa com um sonho — mas alcançá-lo exige muito mais do que simplesmente sonhar.

Capítulo 1

RAÍZES FORTES

Saber quem você é, de onde veio ou o que deseja realizar em termos de sonhos e projetos é fundamental. Nada pode ter o poder de afastá-lo dos seus objetivos. Para compartilhar mais da minha história e permitir que me conheçam melhor, preciso ir às origens. Sim, falarei um pouco da minha vida antes da fama, mas antes disso quero discutir a origem do meu nome, "Kleber".

Qualquer dicionário de significados de nomes dirá que "Kleber" tem origem germânica e significa "colador de cartazes". Outras explicações sugerem que se refere àquele que se mantém firme ou adere firmemente a algo. Essas definições já oferecem uma ideia do meu perfil: resiliência, foco e

COMO CHOCAR O MUNDO EM 36 SEGUNDOS

determinação são conceitos que valorizo profundamente. Desistir simplesmente não faz parte do meu vocabulário; quando saí do BBB em 2013, não foi uma desistência, foi intencionalidade — mais à frente falarei sobre esse episódio.

Neste capítulo, quero enfatizar a importância do nome e da identidade pessoal. Análises comportamentais podem confirmar a essência do meu nome; elas revelam um líder nato: uma pessoa independente, competitiva e confiante na busca por resultados expressivos. Mesmo antes de o conceito de autorresponsabilidade ganhar popularidade, sempre fui extremamente autorresponsável. Buscava minhas próprias respostas muitas vezes sendo introspectivo e intuitivo, mas, acima de tudo, acreditando na direção divina.

Intencionalidade me define. Muitas histórias e informações divulgadas nas mídias foram provocadas por mim mesmo. Falarei mais sobre isso nos próximos capítulos.

Quero abrir parênteses para falar de um assunto que, para muitos, pode não combinar comigo. Deduzo que você já tenha ouvido, lido ou estudado a fundo as três esferas das quais somos constituídos: espírito, alma e corpo. Sei que falo pouco sobre isso, mas reconheço que é necessário haver o equilíbrio nessas três esferas. Por um bom tempo, priorizei mais a esfera física, afinal, dentro do projeto de vida que desenvolvi, minha aparência poderia ser determinante; todavia, com o tempo, os processos pelos quais passei me ensinaram que sem a mente forte e a conexão com Deus, podemos atrasar nossos sonhos.

RAÍZES FORTES

Hoje entendo, principalmente, a importância da espiritualidade e da fé em Deus; toco nesse assunto para contextualizar algo que está registrado na Bíblia e que descobri fazer total sentido com a minha trajetória: o meu nome tem uma associação com um personagem bíblico conhecido por uma fé inabalável e que, mesmo tendo diante de seus olhos uma terra produtiva, mas cheia de gigantes, ele acreditou que Deus lhe daria essa terra. Refiro-me a Calebe, amigo de Josué. Vou resumir essa história para que entenda aonde pretendo chegar.

Na história de Israel, Calebe foi um personagem importante mencionado no Antigo Testamento da Bíblia. Ele foi um dos espias enviados por Moisés para explorar a terra de Canaã, que Deus havia prometido aos israelitas como herança. Calebe e Josué foram os dois únicos espias que retornaram com um relatório positivo, afirmando que a terra era boa e que os israelitas poderiam conquistá-la com a ajuda de Deus, apesar das dificuldades. Devido a sua fé e coragem, Calebe foi recompensado por Deus, e foi um dos poucos daquela geração que puderam entrar na terra prometida. Esse guerreiro é lembrado por sua lealdade a Deus e por sua disposição em seguir as instruções divinas, mesmo quando outros desconfiavam.

Essa conexão histórica é relevante para mim, pois reflete como encaro os desafios: visualizo o sucesso sem me deixar abater pelas circunstâncias atuais ou pelos comentários alheios sobre os meus sonhos serem muito audaciosos. A essência impregnada em mim pelo significado do meu nome — firmeza e aderência

— guiou-me desde cedo, e, assim como essa personagem bíblica, reconheço que os meus resultados são frutos da resiliência e da fé em Deus.

Desde criança fui um menino agitado, hiperativo e sempre envolvido em diversas atividades; embora tivesse períodos típicos de adolescentes, como não querer ir à escola, não deixei de estudar; matemática era a disciplina com a qual mais me identificava por gostar de números e cálculos — outra característica influenciada pelo significado do meu nome.

Esse perfil orientado para resultados motivou-me desde cedo ao trabalho duro em busca da independência financeira dentro das condições modestas da minha família. Minha mãe teve que tomar decisões difíceis diante dos desafios impostos pelo vício em álcool do meu pai — um homem bom cujos erros contribuíram tanto quanto seus acertos para as lições aprendidas durante minha vida.

Meu sonho sempre foi entrar para o mundo artístico, era um menino sonhador e sabia que tinha talento, eu me expressava bem e sempre me policiei ao falar, evitava gírias, palavrões ou comentários que pudessem me prejudicar.

Inspirado pelos ícones culturais das décadas de 1980 e 1990, como os Paquitos da Xuxa e os dançarinos do É o Tchan!, fui em busca do meu sonho. Como um rapaz que não tinha cabelos lisos e olhos azuis poderia fazer parte da equipe de Xuxa Meneghel? Esse era o padrão de beleza da época, e não podia deixar de me comparar com os outros. Mas em vez de me vitimizar ou desistir do meu sonho, optei por trabalhar em mim o que tinha de melhor.

RAÍZES FORTES

Sabendo da importância da boa aparência e de um corpo saudável para as atividades nas quais queria me destacar, pratiquei ativamente esportes; inclusive, aos treze anos, iniciei com o basquete e, dos quinze aos dezoito, joguei profissionalmente. Gosto de afirmar que o esporte salvou minha vida.

Enquanto o sonho não se realizava, eu trabalhei como frentista em posto de gasolina, motoboy e também vendi coco verde em um quiosque perto de um ponto de ônibus; não tenho problema em admitir que na ocasião eu me sentia envergonhado, coisa de jovem, e buscava me ocultar atrás do boné toda vez que via algum conhecido descer do ônibus e ir para o shopping. É até hilária essa situação, porque não tinha como esconder meu porte físico.

Preocupa-me ver como a juventude da atualidade é inconstante e espera que as coisas caiam do céu. Se o sonho é seu, ninguém irá realizá-lo por você! Não permita que comentários depreciativos o afastem de seus objetivos. Hoje posso afirmar: grandes conquistas exigem coragem para sonhar; e devem estar alinhadas à determinação incansável para transformar visões em realidades tangíveis.

E foi essa determinação incansável que me guiou em cada etapa da minha vida, transformando cada desafio em uma oportunidade para crescer e avançar. Desde os dias em que vendia água de coco sob o sol escaldante até as noites de treino intenso na quadra de basquete, cada experiência contribuiu para a construção do meu caráter e para a realização dos meus sonhos.

A lição mais valiosa que aprendi ao longo dessa jornada é que não importa quão grande seja o sonho ou quão distante pareça o objetivo; com foco, resiliência e trabalho duro, é possível alcançar qualquer coisa. Esses princípios se tornaram a base sobre a qual construí minha vida e carreira, permitindo-me superar obstáculos aparentemente intransponíveis e alcançar sucessos além das minhas expectativas mais ousadas. Não posso me esquecer de que a minha base, a família, foi essencial em todo esse processo.

Olhando para trás, vejo como a essência do meu nome refletiu profundamente na pessoa que me tornei. "Kleber", aquele que adere firmemente aos seus objetivos; "Caleb", um símbolo bíblico de fé e perseverança diante dos gigantes. Essas raízes fortes forneceram o fundamento necessário para eu perseguir meus sonhos com toda a força do meu ser.

Nas ruas movimentadas da Vila Teixeira, em Campinas, cidade no interior de São Paulo, começa a minha história, uma narrativa entrelaçada com a determinação e a convicção. Cresci com a certeza inabalável de que os palcos da fama estavam destinados a serem o meu lar; sempre soube disso e nunca permiti que alguém me fizesse pensar diferente.

Vindo de uma família de recursos modestos e com uma dinâmica desafiadora, as raízes da minha jornada são marcadas pela resiliência e pela força interior. Enquanto meu pai lutava contra o alcoolismo, minha mãe, a admirável Sueli de Paula, sustentava a mim, o filho caçula, e a minha irmã Kelly, três anos mais velha.

Portanto, este capítulo não é apenas uma retrospectiva da minha infância ou uma análise etimológica do meu nome. É um testemunho da importância de conhecer suas origens, compreender

RAÍZES FORTES

sua identidade e usar essas informações como fonte de força nos momentos difíceis. É também um convite para você refletir sobre suas próprias raízes: quem você é, de onde vem e o que verdadeiramente deseja realizar nesta vida?

Lembre-se: as raízes fortes são fundamentais para sustentar o crescimento robusto; elas nos mantêm firmes quando os ventos das circunstâncias tentam nos derrubar. Com resiliência, foco e determinação — acompanhados pela crença numa força maior nos guiando — podemos não apenas sobreviver às tempestades, mas prosperar além delas.

Capítulo 2

O TOPO DO MUNDO COMEÇA DENTRO DE VOCÊ

Muitos adolescentes e jovens desta geração desistiram de sonhar. Isso é preocupante e me leva a questionar: faltam referências ou há um sistema que contribui para a formação de jovens apáticos, sem perspectivas e à espera de que seus desejos se realizem enquanto vivem presos à tela de um celular? Conheço pais que já não sabem o que fazer a fim de que seus filhos saiam do quarto e socializem.

Um sonho impulsiona uma pessoa a buscar alturas inacreditáveis, inspirando-a a perseguir metas desafiadoras e a superar obstáculos aparentemente insuperáveis. É a chama do sonho que alimenta a determinação e nos faz resilientes. Cada conquista extraordinária, cada façanha notável começa com um simples vislumbre do que poderia ser — uma visão que, uma vez nutrida e cultivada, tem o poder de transformar o impossível em realidade; sou prova disso.

Contudo, ao falar da juventude, faço-o na condição de filho. Poderia ter me acomodado e olhado para as minhas circunstâncias, culpando a vida e adotando uma postura vitimista por não ter alcançado o que desejava. Ao contrário, eu tinha um sonho — um sonho que era exclusivamente meu — e por isso me movimentei para torná-lo realidade.

Observo com pesar uma geração que demonstra preguiça até mesmo de descer à portaria do prédio para buscar um pedido do iFood. Vejo jovens e adolescentes extremamente cansados, sem perspectiva de futuro, alguns isolados em seus quartos sem interagir com suas famílias. Questiono-me: será que faltam referências? Será que somos nós, os adultos — pais, tios e outros familiares —, tão focados em nossos próprios sonhos que negligenciamos a base de tudo: a família?

Esse questionamento pode ser polêmico; mas, considerando o propósito deste capítulo, não poderia evitar tocar nesse assunto. Afinal, somos reflexo das nossas palavras e pensamentos. Um texto milenar diz: "Como pensa em sua alma, assim é". Eu era um garoto sonhador e nunca deixei de acreditar no meu sonho. Com dezenove anos, saí de casa com apenas quatrocentos reais no bolso rumo a Porto Seguro, sem experiência em viagens ou destino certo à minha espera; foi essa decisão audaciosa que pavimentou meu caminho ao sucesso.

O TOPO DO MUNDO COMEÇA DENTRO DE VOCÊ

Não cheguei a cursar uma universidade; se tivesse feito, certamente, seria educação física, porém concluí o ensino médio dedicando-me ao esporte — algo que sempre considerei como potencial salvador do mundo. Sempre uso minhas redes sociais para incentivar os mais jovens a deixarem seus celulares um pouco de lado, cuidarem do corpo, praticarem esportes e valorizarem mais momentos com suas famílias.

A fala do lutador Floyd Mayweather Jr. ressoa fortemente comigo: "O dia tem 24 horas: oito para dormir, oito para trabalhar e as outras oito horas? O que você faz com elas?". É fundamental saber utilizar essas horas restantes de modo produtivo, porque dedicação, força de vontade, foco e constância são fundamentais para alcançar qualquer objetivo almejado.

Neste mundo digital saturado, em que muitos vendem ilusões, em que pessoas vazias e sem resultados ensinam sobre um assunto que leram e não viveram, é vital sermos seletivos, seguir pessoas ativadoras que oferecem informações sólidas — indivíduos bem-sucedidos capazes de ativar sua audiência, porque só a motivação não está levando as pessoas do ponto A ao B.

Muitos jovens acabam frustrados ou desistindo prematuramente. Tenho me empenhado em deixar uma mensagem aos pais e responsáveis para que estejam atentos ao conteúdo que seus filhos consomem nas redes sociais, pois lhes é vendida a ideia de sucesso rápido — algo raramente alcançável sem esforço contínuo. Tudo que nos dispusermos a fazer deve ter coerência com o que sonhamos e com as nossas aptidões. Você não pode querer algo

37

COMO CHOCAR O MUNDO EM 36 SEGUNDOS

totalmente distante daquilo que você percebe que tem habilidade. Por exemplo, quando eu sonhei estar no meio artístico, eu tinha consciência e sabia da minha aptidão para comunicar, para dançar e atuar em grandes palcos.

O sonho vendido de que é possível explodir do nada deve ser visto com ressalvas, porque 99% das pessoas bem-sucedidas no digital passaram anos construindo uma base sólida antes da tão falada "explosão". É lastimável saber que as pessoas invejam seus resultados, querem chegar ao mesmo patamar que você sem saber os processos pelos quais passou. Já falei uma vez e repito: minha história foi construída por mim; se hoje sou bom em storytelling, é porque não preciso inventar uma personagem para ganhar fama e dinheiro, ao contrário, quem convive comigo sabe que busco ser autêntico em tudo.

Meu perfil autêntico, persistente e audacioso foi herdado do meu pai; vi nele essa coragem e determinação exemplares. Essa determinação me ensinou que, se você quer ser bom em algo ou se deseja ser um campeão, precisa estar disposto a ir além do comum, fazer o que ninguém faz. Essa dedicação extraordinária é o que diferencia os verdadeiros vencedores.

Se você aspira fazer parte de um livro, você precisa fazer parte da história. No meu caso, são 22 anos fazendo história com base no sonho que eu visualizei. Sou amigo de apresentadores, participei de vários programas, como do Gugu, Jô Soares, Faustão e muitos outros que ainda vou relatar num capítulo específico. Eu sou um vencedor, um exemplo de um brasileiro simples que venceu na vida e que hoje decidiu usar a sua história para motivar jovens e adolescentes, dizendo-lhes que é preciso sonhar e acreditar nos seus sonhos; se você acredita, coloque energia, tenha constância, porque vai acontecer! São mais de duas décadas criando minha própria trajetória através dos sonhos visualizados na infância.

Após concluir o ensino médio, como já relatei, embarquei numa aventura rumo a Porto Seguro, buscando realizar meu sonho artístico num momento em que grupos como É o Tchan! e Terra Samba estavam no auge. Chegando lá, enfrentei muitas dificuldades, mas também encontrei oportunidades incríveis graças à minha disposição para trabalhar duro sob qualquer circunstância — desde panfletagem sob o sol escaldante até empregos noturnos como segurança.

Nessa jornada repleta tanto de obstáculos quanto de triunfos, aprendi lições valiosas sobre trabalho duro, dedicação e constância. Aprendi que, se não houver esforço contínuo, todo potencial fica para trás.

Quando decidi viajar para a cidade baiana, a princípio não iria sozinho, combinei com um amigo, fomos à rodoviária comprar passagens, contudo ele desistiu da viagem. Sem conhecer ninguém e nada sobre meu destino final, parti sozinho; naquela época foi uma decisão arriscada, porém necessária, para perseguir minhas aspirações artísticas.

Ao chegar a Porto Seguro, vivenciei momentos difíceis, mas também encontrei pessoas generosas que me orientaram e abriram portas para novas oportunidades, permitindo-me começar do zero num lugar desconhecido.

COMO CHOCAR O MUNDO EM 36 SEGUNDOS

Cada experiência dolorosa foi acompanhada por uma vontade indomável de ser alguém na vida, levando-me a ficar lá por um ano e meio enfrentando todos os desafios possíveis — tudo isso contribuiu muito para o meu crescimento pessoal e profissional. Tomar banho frio, usar banheiros comunitários, dormir em quartos que mais pareciam cubículos, dormir no chão e não ter dinheiro para me alimentar foram alguns dos obstáculos que enfrentei.

Apesar de tudo isso, eu sabia que estava no local que poderia me colocar em evidência. Quando cheguei ao Axé Moi e vi os rapazes dançando lambaeróbica, não tive dúvidas de que também queria fazer o mesmo. Estava disposto a fazer qualquer atividade para me manter em Porto Seguro. Eu me submeti a fazer o que não queria para chegar aonde desejava.

Entre uma dificuldade e outra, eu ligava para minha mãe uma vez por semana; lembro-me de que usava os orelhões públicos, daqueles em que colocávamos o cartão e os créditos acabavam na velocidade da luz; só dava tempo de saber como ela estava e dizer que tudo estava bem comigo. Houve um período em que o dinheiro acabou e eu fiquei devendo a várias cabanas na Passarela do Álcool. Certa vez, ao receber o meu pagamento, eu chorei igual a uma criança, pois já estava todo comprometido; eu tinha dívidas em quase todas as barracas, e eram dívidas referentes à alimentação. Nesse dia eu falei: "Eu não vou conseguir". Então liguei para minha mãe e voltei para Campinas. Voltar não significava desistir, era somente um passo atrás.

ANTES DE MELHORAR, PIORA!

Dei um passo atrás. Não demorou muito tempo para que um amigo, o Bruno, me ligasse fazendo uma proposta. Disse-me que, se eu arrumasse um carro, uma Kombi com duas caixas de som em cima, ele conseguiria para mim o equivalente a 150 reais por semana para eu fazer publicidade. Aceitei a proposta, consegui a Kombi e voltei para Porto Seguro; dirigi dois dias e meio, só parava para descansar e me alimentar.

Com essa decisão, eu já passei a agir com a postura de empresário, de administrador. As coisas começaram a melhorar, fiz sociedade com o Bruno e passei a ganhar de 2 mil a 3 mil reais. Logo busquei um lugar melhor para morar e não precisei mais tomar banho frio. Essa situação ficou confortável por quase dois anos, quando Bruno desfez a sociedade, vendeu o bar e decidiu ir para o Rio de Janeiro.

Ele sabia de meus sonhos e pretensões, por isso sugeriu que eu também fosse para o Rio e fizesse testes para ser dançarino do É o Tchan! ou paquito da Xuxa. Disse-me que poderia morar em um quartinho de empregada na casa dos familiares dele, e assim eu fiz. Novamente me vi morando em um cubículo, um quarto muito quente e sem chuveiro elétrico. Não me esqueço de que do lado da janela desse quarto tinha entulhos, havia muita poeira. Eu acordava cedo porque o sol quente não me permitia ficar na cama. Foi um tempo muito difícil.

COMO CHOCAR O MUNDO EM 36 SEGUNDOS

Às vezes, na jornada rumo à melhoria, nos deparamos com momentos em que tudo parece piorar antes de melhorar. Eu já estava bem em Porto Seguro, e ir para o Rio era como se o universo estivesse testando a minha resiliência e determinação, colocando novos obstáculos e desafios no meio do caminho. Esses momentos podem parecer desanimadores e até mesmo nos levar a questionar nossas escolhas. No entanto, é importante lembrar que muitas vezes é necessário passar por essa fase de aparente retrocesso para alcançarmos verdadeiras transformações. Nossas vidas podem passar por períodos de tumulto e dificuldade, mas é justamente nesses momentos que temos a oportunidade de crescer, aprender e nos fortalecer para alcançar novos patamares de sucesso e realização. Foi assim que aconteceu comigo.

No Rio de Janeiro, fiz teste na Globo e fui aprovado para ser figurante. No verão de 2001, fiquei sabendo que haveria testes para selecionar soldados *Planeta Verão*,* da Xuxa, e é claro que me inscrevi; a coordenadora do programa era Marlene Mattos. Passei no teste e me lembro de que a Marlene reuniu todos os participantes numa sala e fomos separados em trios. A cena desse dia, quando vem à mente, é muito marcante. Eu me emociono, pois estava no ambiente em que sempre sonhei estar, participando de uma seleção para participar do time da Rainha dos Baixinhos! Você tem noção do que isso representou para mim? Havia uma

---

* O *Planeta Verão* (2001-2) foi um programa transmitido pela Rede Globo, apresentado pela Xuxa e que teve duas edições.

O TOPO DO MUNDO COMEÇA DENTRO DE VOCÊ

mesa bem grande na sala, eu estava à porta aguardando para entrar, e o meu sonho poderia se realizar a partir da minha entrada naquele ambiente.

A Marlene nos chamou para entrar e ela olhava fixamente para os três candidatos. Eu estava tenso e, ao olhar para os dois rapazes que me acompanhavam, percebi que eles eram estilosos, boa aparência, os típicos galãs; a comparação foi inevitável e só achei que tinha como vantagem o meu corpo, que era diferenciado, porque me dediquei a treinar e correr de madrugada na praia.

Marlene olhou para o rapaz que estava à minha direita e falou que o conhecia, e esse rapaz confirmou, disse que realmente já havia participado no ano anterior. Sem meias-palavras, ela solicitou que ele saísse da sala. Com essa atitude da Marlene, não vou negar que fiquei nervoso. Ela se voltou para o outro rapaz, perguntou se ele sabia dançar. Como a resposta dele foi "Mais ou menos", ela também pediu que saísse. Sozinho com a Marlene, naquela sala, ela me perguntou: "Você dança?". Eu lhe contei o meu passado em Porto Seguro, então ela pediu que eu tirasse a camisa, porque queria ver meu corpo. Olhou para minha barriga de tanquinho e falou: "Eu não acho que você dança". Chamou alguém e pediu que trouxesse um DVD e colocasse uma música para comprovar se eu realmente sabia dançar.

Era o meu momento! Não perdi tempo. Dancei, rebolei e fiz coreografia. A Marlene achou muito bom e disse: "Está aprovado. Você vai trabalhar comigo. Vai ao banheiro e lava seu rosto. Você tem uma estrela, você vai brilhar muito, pode anotar". Quando

COMO CHOCAR O MUNDO EM 36 SEGUNDOS

eu estava saindo da sala, ela me parou na mesa dela, colocou a mão sobre a minha mão e falou: "Você vai brilhar muito, você vai brilhar demais, pode ter certeza disso".

Que momento marcante! Para um jovem que não tinha nenhum "padrinho" no meio artístico, que veio de uma lugar humilde e que tinha um sonho prestes a se realizar, ouvir da própria Marlene Mattos que a minha luz brilharia muito foi como se o universo estivesse me dizendo: "Valeu, cara, é só o começo. Parabéns por não desistir, o topo do mundo começa dentro de você".

A partir daquele dia, continuei a fazer o que sempre acreditei ser o melhor: esforçar-me para ser o cara fora da curva. Na primeira semana, eu comecei a me destacar, eram trinta meninos e trinta meninas e só me colocavam à frente para dançar. A Marlene perguntava "Cadê o Bahia?", e esse ficou sendo o meu apelido. Comecei a dançar e a fazer os clipes da Xuxa, sempre à frente. Um dia, o Harmonia do Samba foi participar do programa e Marlene me convidou para dançar com o Xanddy, só nós dois bem à frente de todos. Foi um momento ímpar e até hoje somos amigos.

Uma vez, depois das gravações do *Planeta Verão*, o Fly, coreógrafo da Xuxa, chegou para mim e disse que eu seria convocado para ser paquito. Eu me destaquei não só pelo corpo bonito, pois sempre busquei ser diferenciado; muitas vezes eu chegava para gravar, os colegas iam comer, e eu ia aproveitar a academia do quartel onde foram feitas as gravações para treinar barra, fazer flexões; estava determinado a dar o meu melhor naquele lugar. Sempre tive aptidão para ser fora da curva!

O TOPO DO MUNDO COMEÇA DENTRO DE VOCÊ

Toda dedicação é recompensada! Meu esforço tinha dado certo! Aos 23 anos, depois de passar por inúmeras situações que poderiam me paralisar, eu estava ouvindo do assistente da Xuxa que seria convocado para ser paquito; o meu sonho seria realizado. Eu agradeci muito a Deus por sempre me guiar. Depois dessa conversa, ainda tivemos mais uma semana de gravações e a Xuxa fez uma pausa para viajar.

Então, continuei com a minha rotina. Um dia, já era mais de meia-noite, eu estava correndo pela praia quando uma mulher me viu e me chamou para fazer o teste do *Big Brother*. Ela perguntou se eu gostaria de fazer o teste para o novo programa, um reality show.

O desenrolar dessa conversa fica para o próximo capítulo!

Capítulo 3

SONHICÍDIO
EXISTE

Por mais estranho que pareça o título deste capítulo, eu precisava chamar sua atenção para algo importante: nossas decisões moldam nossos destinos. Às vezes, é preciso encarar a difícil realidade de que, para alcançar o topo, precisamos abrir mão de certos sonhos. Pode parecer contraditório à primeira vista, eu sei. Já lhe disse que nem sempre um passo atrás significa desistência, pode ser o tempo necessário para reavaliar o que realmente importa. Eu sei que não é fácil. Abrir mão de um sonho pode ser devastador. Mas, acredite, é possível que, ao deixar um sonho para trás, você esteja abrindo espaço para algo ainda maior, mais autêntico e significativo.

COMO CHOCAR O MUNDO EM 36 SEGUNDOS

Voltando à conversa com a mulher na praia, eu não sabia nada sobre o tal reality, mas respondi que iria pensar e analisar a proposta, uma vez que eu estava a poucos dias de ser o paquito da Xuxa, e, naquele tempo, os paquitos eram sucesso total nas mídias e eu já havia conhecido os rapazes.

Aproveitando a ausência da Xuxa, indaguei sobre o cronograma da seleção, já que não existia a etapa de envio de vídeos, entre outras coisas. Ao saber como e onde seriam os testes, compareci ao local indicado. Cheguei lá e participei da primeira peneira, que passei com êxito. O *Big Brother* tinha sua própria dinâmica, e lá estava eu no dia seguinte para a segunda fase, cercado por rostos bonitos e uma atmosfera descontraída no Royal Hotel, na esquina de Copacabana. Realizei o segundo teste e, mais uma vez, fui aprovado. Então, fui chamado para um terceiro e último teste após dois dias.

Durante essa etapa, em que muitas perguntas eram feitas, o Boninho, que estava entrevistando, fez a pergunta cuja resposta foi a responsável por me colocar dentro da casa: "Por que você acha que deve entrar no *Big Brother Brasil?*". Sempre autêntico, sem hesitar, respondi com sinceridade: "Se você me colocar na casa hoje, para mim será lucro. Não tenho onde morar, vivo de favor. Eu tomo banho gelado todo dia, passo dificuldades. Se quiser, eu também ajudo a construir a casa".

A troca de olhares entre os presentes foi instantânea, e Boninho falou: "Esse cara vai botar para perder lá dentro", as palavras ecoaram: "Esse é o cara, ele vai arrasar lá dentro. Esse cara tá na guerra. Esse cara vai pra cima!".

SONHICÍDIO EXISTE

Com isso, fui selecionado. No dia seguinte, a produção me ligou e disse: "Há uma gravação marcada em Campinas. Você precisa ir". Era a primeira vez que eu voaria de avião. Isso aconteceu por volta da virada de 2001 para 2002.

São muitos os detalhes que envolvem esse momento em Campinas. Antes disso, lembro-me de ter ligado para minha mãe e contado que seria o paquito da Xuxa, mas que tinham me chamado para participar de um tal BBB, um novo reality show. Eu me vi em uma encruzilhada: seguir o meu sonho ou aceitar a proposta para entrar em um programa que ainda não havia sido testado? Eu sabia que ser paquito me deixaria em evidência, quanto ao BBB, era uma incógnita.

Ao conversar com minha mãe, contei a situação e lhe pedi conselhos. Embora eu estivesse com 23 anos, sempre busquei os conselhos da minha mãe, a sabedoria materna dificilmente falha, e como sempre falo: a família é a base. A resposta de dona Sueli foi a seguinte: "Faça o que o seu coração mandar". Lembro-me de que, naquele momento, ainda falando ao orelhão, olhei para trás e havia um outdoor com a propaganda: "Vem aí o *Big Brother Brasil*". Seguindo o meu perfil ousado, não demorei a decidir: "Vou tentar esse negócio do *Big Brother*, vamos ver o que vai dar".

Voltando às gravações em Campinas, no dia em que estava com toda a família reunida, após vários *takes*, informaram-me de que seria a última tomada e me entregaram o icônico envelope. Ao abrir a carta, apareceu a famosa casa e ouvi a frase: "Você está no *Big Brother Brasil*!". Foi um momento muito emocionante, eu chorei muito, minha família também estava chorando e, em meio a toda a comoção, fui orientado a fazer as malas, pegar qualquer roupa, pois iria para o confinamento. Poxa, essa é uma cena maravilhosa de recordar, sempre que volto a esse começo, um filme se passa em minha cabeça, pois, naquele dia, ao matar o sonho de ser paquito da Xuxa, o topo do mundo estava à minha espera.

REJEIÇÃO E ISOLAMENTO: A COMBINAÇÃO DO SUCESSO

Cinco dias dentro de um quarto, sem contato externo e sem nenhum entretenimento, assim iniciou a minha história do primeiro *Big Brother Brasil*. No dia 29 de janeiro de 2002, inicia-se a primeira temporada do reality show, apresentado por Pedro Bial e Marisa Orth, com direção de José Bonifácio Brasil de Oliveira, o querido Boninho. Foram 64 dias de confinamento, os detalhes dessa edição podem ser encontrados nas redes sociais e em diferentes sites. Neste capítulo quero resumir alguns momentos que, a meu ver, fizeram toda a diferença em minha trajetória.

Modelo, *barwoman*, empresário, atriz, cantor, professor de dança, dançarino, os participantes da primeira edição tinham atividades bem diferentes, e, como já era de se esperar, as afinidades logo aparecem. Quem acompanhou o programa viu que fui rejeitado, os participantes me isolavam, talvez pela imaturidade, pois eu ainda era bem jovem, muito brincalhão. Em alguns momentos,

SONHICÍDIO EXISTE

também fui acolhido, mas, devido à rejeição, para ter com quem conversar, eu construí a Maria Eugênia. Faltava um mês e meio para o encerramento do programa, e, com objetos que o Adriano, artista plástico, havia ganhado para construir um quadro, eu criei a boneca que encantou o país.

A Maria Eugênia ficou na sala, passou a ser minha companheira, ajeitava seu cabelo e a ela me dirigia sempre que necessário. Foi a boneca Maria Eugênia que me projetou no país, quando um dia, após ser retirada da sala para a realização de uma festa, não voltou para seu lugar de origem, eu caí no choro e fiquei desesperado procurando a boneca. Eu entrei no confessionário e, chorando, desabafei:

— Pô, meu boneco representa muito pra mim aqui na casa. Eu queria meu boneco, entendeu? A Maria Eugênia está há 45 dias ali, não incomodou ninguém. Eu coloco ela no canto aqui, mas pra mim ela representa muito. Pô, eu nunca nem chorei aqui, véi. Hoje eu tô chorando... eu quero sair com ela daqui, eu quero ficar com ela ali na sala até o fim. Quando eu sair da casa, eu quero levar ela. Eu gostaria que ela ficasse muito ali comigo. Agora, vocês que fazem as regras aqui, né? Mas ó como eu fico — E, chorando, saí do confessionário. Eu a achei jogada na despensa e meu choro se tornou desespero — Ai, meu Deus do Céu, falta a cabeça!

COMO CHOCAR O MUNDO EM 36 SEGUNDOS

Eu peguei Maria Eugênia e a levei para a sala, coloquei-a no mesmo lugar e lhe disse que, se Deus quisesse, ela iria comigo até o fim. Meu diálogo com a boneca comoveu o país. Muitos que acompanhavam o reality choraram, eu consegui mexer com o sentimento, com o coração dos telespectadores.

A Maria Eugênia está na memória das pessoas, ela é lembrada sempre que há um comentário sobre o primeiro *Big Brother*, ela foi uma projeção do carisma que conquistei junto ao público, de criatividade e da minha trajetória de perseverança. No final do programa, fui eleito o vencedor do *Big Brother Brasil*, com 68% dos votos, e ganhei o prêmio de meio milhão de reais!

A morte de um sonho fez nascer um fenômeno televisivo. Entendi muito rapidamente que esse era o guia para dar continuidade na caminhada da fama. Desde a introdução deste livro, não escondi que desejava ardentemente ser famoso, e eu saí do anonimato para o estrelato com a Maria Eugênia e o *Big Brother Brasil*.

Eu preciso ressaltar que é necessário ética e transparência no que se refere a reter a audiência, após uma explosão no cenário nacional, porque o público que o acompanha projeta sobre você esperança, ele se enxerga em você e, de certa forma, sente-se representado. A Maria Eugênia foi criada como resultado de ataques de rejeição em relação a mim na casa mais cobiçada do Brasil.

As pessoas que acompanhavam o reality se enxergaram. A maioria das pessoas, em algum momento, se sentiu rejeitada ou rejeitou alguém. Então o que aconteceu foi um grau de afinidade considerável entre mim e o público. Não foi um momento fácil a criação da Maria Eugênia, estava sendo atacado, humilhado, deixado de lado. Mas eu não aceitei aquele "movimento" em relação a mim, não fiz de conta que não estava acontecendo; pelo contrário, resolvi agir contra aquilo, não podia ficar apático, é muito perigoso que outras pessoas determinem como você se sentirá ao seu próprio respeito. A opinião de outras pessoas é uma maneira muito ruim de determinar como nos sentimos em relação a nós mesmos. Eles queriam me calar, era um jogo.

Você precisa se olhar no espelho e gostar do que vê, isso pode parecer clichê, mas é assim que funciona. Lembra-se da identidade? Sua identidade não deve ser definida pelos outros; acredite em si mesmo como um vencedor, independentemente das opiniões alheias.

O importante é o que você faz com o que tem. Todos nós temos a chance de sermos o que quisermos, mas, para isso acontecer, é necessário termos metas, seguir processos, ter constância para assim alimentar os sonhos e os tornar realidade. A Graça de Deus, em primeiro lugar, guiou-me até o sucesso, a mim coube o trabalho duro, o meu esforço, foco, resiliência e coração humilde. Há 22 anos, tornei-me uma sensação da noite para o dia.

Lembro-me de que com a repercussão do resultado do BBB, participei do *Domingão do Faustão* cinco vezes. Em uma dessas participações, a Xuxa mandou uma mensagem: "Não deu tempo de você ser o meu paquito, foi soldado *Planeta Verão*, mas hoje você é o cara mais querido do Brasil. Você é o Bambam do Brasil!".

Capítulo 4

MARIA EUGÊNIA: A ARTE DE POTENCIALIZAR A SUA HISTÓRIA

Certamente a boneca Maria Eugênia foi uma porta gigantesca que levou a minha carreira para o próximo nível. De acordo com os dados, eu ganhei a primeira edição com a maior audiência que a Globo já havia tido; inclusive, todos que se reportam a mim trazem à tona a Maria Eugênia, e dizem ser algo inesquecível. Conforme prometi, saí do *Big Brother* com a minha melhor amiga: uma boneca com o corpo feito de cabide, cabeça de lata e cabelos de lã vermelha.

No caminho para o sucesso na televisão, percebi rapidamente a importância do storytelling. Ao criar a persona de Maria Eugênia, entendi que contar uma história cativante era essencial para conquistar o público, por isso, intencionalmente, fiz uso de um repertório que fortaleceu o fenômeno Maria Eugênia, que está comigo até hoje. Guardo-a com todo o carinho em minha casa e fiz questão de tatuá-la em meu braço. Já tentaram comprar minha amiga, mas, para mim, ela não tem preço, tem valor e não está à venda!

Dentro e fora do mundo digital, o storytelling se tornou uma ferramenta poderosa. Nas redes sociais e plataformas de streaming, a habilidade de contar histórias é fundamental para atrair e reter a atenção do público. Ao capitalizar essa técnica, pude não só construir uma conexão emocional com o meu público, mas também transmitir minha mensagem de forma eficaz.

A audiência exige comprometimento e verdade. Se aquilo que você faz tem a ver com sua essência, se tem aptidão, pode prosseguir; por exemplo, não queira ser um Michael Phelps se não sabe nadar, porque ele é único, eu sou único, e, neste sentido, quero dizer que você pode modelar alguém, deve modelar um líder, um empresário, político, esportista que chegou aonde você quer chegar, mas mantenha a sua essência, cada um de nós tem um propósito.

Quando eu falo da arte de potencializar narrativas, é para que valorize a sua história, saiba quem você é, tenha consciência dos processos pelos quais já passou, dos processos pelos quais ainda precisa passar e jamais queira mudar sua personalidade. Seja autêntico!

Em todo tempo, por onde passei, faz parte do meu DNA não esconder quem realmente sou. Se você me perguntar como é a minha personalidade, responderei que sou alguém que vai para cima e, como já falei, esse perfil veio do meu pai.

Hoje em dia, traduzo como alguém ousado, abusado, que não tem vergonha, não vacila sobre o que quer, não tem medo do ridículo e não tem preguiça. O meu pai, por exemplo, ficava dois, três dias sem dormir para cumprir com um compromisso de trabalho.

Não tenho dúvidas de que para você ser um campeão tem que ser fora da curva. É isso que sempre falo: o trabalho duro, a dedicação e a constância superam quem tem a genética propícia para se desenvolver no esporte. Até porque a genética não trabalha duro por si mesma. Esse aprendizado eu emprego em todas as áreas de minha vida.

DE FIGURANTE A FENÔMENO: "FAZ PARRRTE"

Nunca fiquei parado. Enquanto o *Big Brother* estava no ar, fui me destacando, o primeiro bordão do programa foi meu, o famoso "faz parte". Essa expressão sempre me acompanhou, e quando me tornei fisiculturista e participei de competições pelo Brasil e pelo mundo, o bordão passou a ter mais sentido. Faz parte ganhar e perder.

Ao sair do reality, aproveitei todas as oportunidades que surgiram; tive o privilégio de ser agenciado pela Xuxa e pela Marlene Mattos. Fui convidado para fazer eventos, presenças vips, baile de quinze anos, publicidade para empresas dos mais variados segmentos etc.

COMO CHOCAR O MUNDO EM 36 SEGUNDOS

O fato de ter uma veia empreendedora levou-me a administrar e empregar muito bem o prêmio que ganhei do BBB, e sendo conhecedor do poder do storytelling, aproveitei todas as situações para fazer histórias. Participei de inúmeros programas de TV, fiz amizades com os maiores apresentadores do país.

Dediquei-me à carreira de ator com participação no filme *Didi, o cupido trapalhão* e na série *A Turma do Didi*, na TV Globo, de 2003 a 2005. Fui a vários programas de auditório, participei do programa humorístico exibido pela Record, *Show do Tom*, no ano de 2005; participei do *Domingão do Faustão* e todas as movimentações que fiz levaram-me a ser conhecido em todo o Brasil.

Com muita energia, desafiei-me novamente e tive uma ascensão meteórica de 2013 a 2015, rodei o Brasil inteiro como DJ Kleber Bambam e com a atração *Bambam, a Múmia e a Cleópatra* fiz inúmeros shows.

Poderia descrever para você centenas de eventos e programas que participei nesses mais de vinte anos como campeão da primeira edição do BBB, mas não é meu foco aqui. O meu intuito com esta obra é traçar um contexto para que você entenda a importância de não desistir dos seus sonhos.

Minha trajetória de figurante a fenômeno é a prova de que somos responsáveis por nossos resultados; mesmo ganhando um ânimo a mais com a fala da Marlene, "Você vai brilhar demais", eu sempre acreditei que realizaria meus sonhos. Quanto aos obstáculos enfrentados no caminho, são testes que vêm para nos fortalecer; "Faz '*parrrte*' do jogo da vida".

Kleber Bambam comenta luta com Popó após ser nocauteado em 36 segundos

"Não do cara é pesada demais", disse o ex-BBB após o desafio Klber show neste domingo (25/2)

Capítulo 5

O ESPORTE
SALVA VIDAS

Este **capítulo pode** lhe parecer uma quebra brusca de assunto, porém, como um cara que acompanhou duas gerações, a que faz uso da internet a todo instante e a que era praticamente desprovida de tecnologia, pude acompanhar a mudança de perfis comportamentais entre os jovens das duas épocas. Já comentei em um capítulo anterior sobre uma questão séria nesta geração, a de se deixar influenciar por pessoas vazias de conteúdos e sem resultados, fato que tem contribuído para a formação de uma geração que não vive em função de um sonho. Temos pessoas artificiais que vivem de teorias e não chegam à prática.

Sou privilegiado porque agora estou presenciando a terceira geração, a da inteligência artificial. Só atribuo esse privilégio a Deus e acredito que Ele me permitiu vivenciar tudo isso para transmitir uma mensagem diferenciada para a garotada.

Amo sorrir, gosto de acreditar no melhor das pessoas. Dou muito valor à família, sou feliz por tantas pessoas que conheci, que contribuíram para o meu sucesso, algumas me deram bons conselhos, outras me incentivaram a prosseguir. Também surgiram pessoas que me trapacearam, já perdi muitos negócios, houve aquelas pessoas que me deram "puxões de orelha", corrigiram-me, chamaram a minha atenção, mostraram-me onde eu estava errando, sou muito grato a elas. Faço questão de conservar perto de mim as pessoas que me repreendem e orientam.

Uma das características que observo nesta geração é a dificuldade em aceitar repreensões, há um certo desrespeito para com os seus líderes e, às vezes, até para com seus pais, o que considero inadmissível; faz parte dos Dez Mandamentos honrar os pais para que tenhamos vida longa na Terra.

O seu sucesso, o seu crescimento não acontece sozinho, o ponto de virada de chave para o seu próximo nível acontece com o seu querer em primeiro lugar, depois com o seu conhecimento, os seus hábitos, o seu networking, a sua perseverança. Honrar o seu pai e a sua mãe, modelar pessoas, ouvir os conselhos de quem chegou aonde você deseja chegar, fará toda a diferença na sua vida. Atente-se para aqueles que resolvem caminhar milhas com você sem pedir nada em troca, esses são seus amigos mais sinceros. Há

O ESPORTE SALVA VIDAS

um texto sagrado que afirma existir amigo que é mais chegado que um irmão; esse fortalece a caminhada.

Por falar em fortalecimento, muitas pessoas que me acompanham perguntam frequentemente quais as qualidades que considero essenciais e que eu busco carregar comigo. Algumas eu já citei, mas decidi retomá-las, são elas: a **determinação**, para manter-se com foco no seu propósito; a **cordialidade** é a sua expressão de gentileza, amabilidade com as pessoas; a **resiliência** é uma característica fundamental para resistir às adversidades; a **flexibilidade** para quando for necessário mudar de opinião (se você errou, volte e corrija, nem sempre estamos certos); a **observação**, já que saber ler os ambientes e as pessoas é um grande diferencial, que poderá contribuir para o seu sucesso.

Todas essas são características que podem ser desenvolvidas e intensificadas com novos hábitos. Há muitas atividades no dia a dia que você pode fazer para se sentir bem consigo mesmo antes de querer estar bem com as pessoas. A prática do esporte, por si só, ajuda e muito a sua autoestima e performance.

Minha relação com atividades físicas vem de longa datas, e durante esta narrativa você já percebeu que sempre cuidei bem do meu físico e pratiquei diferentes esportes. Hoje, sou também conhecido como fisiculturista porque, por um período, dediquei-me ao fisiculturismo e, aos quarenta anos, em Las Vegas, competindo com atletas de vários países, conquistei o primeiro lugar na categoria Master +35, e o terceiro na Sênior. Para falar a verdade, nem pensava que um dia seria capaz de competir, mas sei que fiz

COMO CHOCAR O MUNDO EM 36 SEGUNDOS

meu 100%, lutei muito contra as minhas limitações, preparei-me durante noventa dias e, graças a Deus, fui campeão.

Sempre fui focado no esporte, o esporte salva vidas, o esporte tira da depressão, o esporte contribui para que a juventude tenha disciplina, autorresponsabilidade, autoconfiança. Eu falo para os jovens: "confie em você, acredite em seus sonhos, você pode, só depende de você. Você vai ter que acordar cedo, vai ter que batalhar, vai ter que fazer isso acontecer. Ninguém vai fazer e não há dinheiro que faça um campeão".

E por falar em ser campeão, nunca fiquei emocionado com títulos e com a fama. A fama passa, já vi várias pessoas serem o nome do momento e depois saírem dos holofotes. Alguns passaram por depressão, por ansiedade, porque viviam de elogios, de ilusão com os seus rostos estampados diante das câmeras.

Eu percebo que muitas pessoas do meio artístico, da política, do esporte, de qualquer área, que ganham destaque nas mídias e não sabem lidar com a fama, passam por sérios problemas de identidade, não sabem quem realmente são. Muitos vivem de aparência, vivem de acordo com "a música que a banda toca", e quando deixam de ouvir a música, já não sabem como se portar. Portanto, eu sempre digo, procure não se emocionar com a fama, não fira seus princípios e valores por causa de algo passageiro. Seja amável, trate todas as pessoas com igualdade, pois uma hora você pode estar no topo; em outra, no pé da montanha.

Uma das mensagens que repito bastante é: faça coisas boas, pois, se você planta o bem, vai colher coisas boas. Não deixe o seu

O ESPORTE SALVA VIDAS

coração perturbado e busque ser grato. Ser grato é uma decisão, sempre há muitas coisas a agradecer. Não se preocupe com as perseguições; quando você é amado, chama a atenção e os holofotes estão sobre você, alguém vai ficar com ciúmes, vai tentar pará-lo. Decida não ficar na inércia, movimente-se.

Se você quer construir uma vida grande e incrível, vai precisar de uma base sólida e isso você consegue com inteligência espiritual, Deus deve estar em primeiro lugar no seu coração. Lembre-se: é preciso haver equilíbrio entre corpo, alma e espírito.

Retomando o título deste capítulo, enquanto as telas e os dispositivos eletrônicos disputam pela nossa atenção, o esporte continua sendo a saída para nos trazer o equilíbrio de que precisamos. Eu creio que o investimento nos esportes pode resgatar o adolescente e o jovem. Temos no cenário nacional e mundial inúmeros exemplos de campeões que superaram dificuldades externas e internas com o apoio dos esportes. Sempre digo que a sua origem não é motivo para vitimização.

Muitas pessoas querem encontrar um culpado para sua falta de resultado. Os vitimistas, por "não terem dado certo na vida", buscam culpar os pais, a comunidade, a escola, o governo e quem achar pela frente. Não posso negar o que penso sobre isso, para mim não passam de desculpas e falta de identidade. Basta fazer uma pesquisa para ter acesso a milhares de depoimentos de pessoas bem-sucedidas que não tinham apoio de ninguém e, mesmo assim, acreditando em seus sonhos, saíram pelo mundo afora em busca do sucesso. Muitos desses exemplos hoje são multimilionários que investem em causas sociais, porque sabem de onde vieram e procuram ajudar o próximo.

Antes que venham me criticar quanto a esse posicionamento, todos nós podemos fazer da nossa história um exemplo de superação. Em minha trajetória, pude conviver com pessoas que, olhando apenas para a realidade socioeconômica de suas famílias, poderiam muito bem ter acabado na prisão ou ter morrido pelo tráfico. Tudo é uma questão de escolha, e essas pessoas escolheram quebrar o círculo vicioso em que estavam inseridas. Como diz o Pablo Marçal: "Chega de desculpas. Vá cuidar da sua vida".

Para finalizar este capítulo, no momento em que o escrevo, o Bambam Instituto está sendo criado, um espaço em que atenderei crianças, jovens e adolescentes. Esse público terá apoio não só na área dos esportes, mas na saúde física e mental. Faço-o não para ter o reconhecimento no Brasil ou fora dele, mas sei que o reconhecimento virá, pois trarei atletas de diferentes lugares do mundo para ativarem as crianças do meu instituto.

Sou conhecedor das dificuldades enfrentadas por um atleta e por crianças que vivem em situações de risco. Assim como outros empresários que investem nos esportes, com todas as conquistas que Deus tem me permitido alcançar, como gratidão, é o mínimo que posso fazer. Realmente sou muito abençoado!

Kleber Bambam comenta luta com Popó após ser nocauteado em 36 segundos

"Mão do cara é pesada demais", disse o ex-BBB após ser nocauteado por Popó durante a morte física do Fight Music Show neste domingo (25/2)

Capítulo 6

VÁRIAS PERFORMANCES: UMA MÁQUINA DE GUERRA

Manter-se no topo por muito tempo não é uma tarefa fácil. Requer não apenas talento, mas também um perfil ousado, inovador e multifacetado. Minha jornada até aqui reflete exatamente isto: uma constante busca pela reinvenção e pela capacidade de se destacar em múltiplas arenas. Quem me acompanha sabe que gosto de novos desafios.

Nosso mundo é um palco onde diversas expressões culturais coexistem e se entrelaçam, formando uma teia complexa de performances. Minha própria trajetória ilustra essa fusão entre diferentes formas artísticas — música, dança, teatro e cinema. Participar em programas televisivos ou projeto cinematográficos permitiu-me explorar novas perspectivas e transmitir diferentes mensagens através da criatividade, ou simplesmente divertir o público.

As histórias que compartilhei ao longo dos anos refletem minhas experiências pessoais bem como aspirações universais por superação e esperança. Por ser alguém que entendeu a força de um storytelling, uso minha trajetória para que, independentemente de nossas divergências, possamos encontrar algo em comum e assim contribuir para mudanças significativas em nossa sociedade.

Em seu ponto de vista, eu ser o número um pode ter sido inicialmente fruto do acaso; contudo, posso lhe afirmar que repetir esse feito ao longo dos anos foi resultado da minha incansável dedicação à inovação constante. Acredito firmemente que Deus me abençoou com dons únicos e colocou pessoas extraordinárias em meu caminho, permitindo-me conquistar esse pódio na minha história não apenas uma vez, mas repetidas vezes.

Lembre-se sempre: os mentores iluminam o caminho para aqueles que buscam excelência em qualquer aspecto da vida. Eles nos guiam através da sabedoria acumulada, ensinando-nos que errar é humano e cada erro carrega consigo valiosas lições. Uma dessas figuras inspiradoras em minha jornada é o dr. Luiz Teixeira — diplomata, médico renomado e homem de negócios excepcional. Ele tem sido meu braço direito em São Paulo, pois há cinco anos resido nos EUA; mais do que um mentor, ele é um verdadeiro amigo.

Através da graça divina, tive também a honra de conhecer Pablo Marçal, escritor, empresário de sucesso e mentor. Com ele

VÁRIAS PERFORMANCES: UMA MÁQUINA DE GUERRA

ao meu lado, sinto-me inabalável. Juntos estamos engajados no grandioso Projeto do Rei — porque sim, ter recursos financeiros é importante; porém, unir forças para disseminar positividade pelo mundo tem um valor imensurável.

Há tanto ainda a ser feito! Em breve pode ser que não estejamos mais tão ativos quanto agora; portanto, devemos deixar nosso legado marcado na história. Ser o número um não é tarefa fácil — imagine retornar ao topo após dez anos! Preparar-me aos 45 anos para enfrentar um ícone do boxe foi uma das maiores provações e triunfos da minha vida.

Espero inspirar outros a perseguirem suas paixões com coragem e autenticidade. Reconhecendo nosso potencial, podemos usar nossos dons e habilidades para fazer diferença; por fim, se você planta boas sementes com propósito verdadeiro, certamente colherá os frutos, e isso é bíblico.

E, quando penso em família, meu coração se alegra, ela é a minha base. Minha mãe vê em mim um verdadeiro campeão. Ela enxerga o guerreiro que saiu de casa sozinho e conquistou o mundo — não apenas o Brasil, mas atravessando fronteiras internacionais como o "Bambam do mundo". Orgulho-me disso, pois jamais imaginaria estar dando entrevistas internacionais ou convivendo com pop stars globais.

FAÇA PERGUNTAS

Sobre tudo isso que venho falando, há uma questão importante a pontuar: o fato de fazer perguntas. A maioria de nós, por variados motivos, não aprendeu a fazer perguntas. As perguntas são importantes para que você entenda onde está, o que está vivendo e o que deseja para você, para a sua família e para os seus amigos; é um processo de aprendizagem, as perguntas nos movem e nos expandem. Eu aprendi a fazer perguntas desde muito cedo visando a minha vida adulta; eu tinha sonhos e busquei realizá-los fazendo perguntas e agindo.

Dizem que as perguntas movem o mundo. Desde a minha infância, sempre fui movido pela curiosidade, buscando incessantemente compreender o que acontecia ao meu redor. Essa tendência natural de questionar não era um mero capricho; era minha forma de entender tudo. E posso afirmar com convicção que essa abordagem questionadora me conduziu por caminhos extraordinários.

Dominar a arte de fazer perguntas exige mais do que apenas curiosidade; demanda empatia e humildade genuínas, e é interessante observar que muitas pessoas dizem que sou um cara presunçoso, contudo isso não me afeta, eu sei quem realmente sou. É fundamental reconhecer nossa própria finitude e estar receptivo a novas ideias e perspectivas. Ao indagar, não apenas procuramos esclarecimentos, mas também expressamos um interesse autêntico pelas visões alheias.

VÁRIAS PERFORMANCES: UMA MÁQUINA DE GUERRA

Além disso, perguntar é uma maneira eficaz de estabelecer conexões significativas com os demais. Demonstrar verdadeiro interesse pelas experiências e histórias pessoais dos outros reflete respeito e consideração. As perguntas nos permitem adentrar no universo particular do outro, fortalece relações interpessoais e contribui para nosso desenvolvimento tanto pessoal quanto profissional. Para cada novo projeto que iniciava, buscava saber a fundo tudo sobre ele. Sempre fui marqueteiro e estrategista, e por isso buscava agir com base em dados e informações.

Eu nunca fui de ficar parado, e por ser comunicativo, por onde eu passo celebro as pessoas, porque eu imagino uma sociedade alegre, cheia de cantoria e dança, e aristocrática, sim, porque riqueza é bênção e não condenação. Quando você tem essa visão de mundo, isso se torna o seu *lifestyle*.

Capítulo 7

A ENERGIA DOS

36 SEGUNDOS

Foram apenas 36 segundos, menos de um minuto para alcançar meu objetivo: chocar o mundo! Talvez você esteja pensando que foram 36 segundos para que eu perdesse uma luta, mas existe muito mais por trás de tudo isso.

Sun Tzu, autor do livro *A arte da guerra* e um dos mais importantes pensadores estratégicos da história da China, disse certa vez que: "Se você conhece o inimigo e conhece a si mesmo, não precisa temer o resultado de cem batalhas. Se conhece a si mesmo, mas não conhece o inimigo, para cada vitória ganha, sofrerá também uma derrota. Caso não conheça nem o inimigo nem a si mesmo, perderá todas as batalhas".

COMO CHOCAR O MUNDO EM 36 SEGUNDOS

É possível que você tenha uma opinião formada a respeito da luta entre o respeitável campeão mundial Popó e eu. E acho isso bacana, afinal minha intenção era que você dedicasse seu tempo a esse momento histórico, enaltecendo um ou outro, levando-me a alcançar o objetivo final.

Ao desafiar o Popó para entrar no ringue comigo, minha intenção era também me desafiar e desenvolver novas habilidades, vencer a limitação do corpo, da idade e principalmente as limitações mentais que muitas vezes impomos a nós mesmos.

O universo midiático transformou um processo de meses em algo hilário, que em muitos momentos enalteceu o Popó pela vitória e diminuiu minhas conquistas. Agora eu lhe pergunto: quem ganhou ou perdeu a luta?

O confronto durou 36 segundos e tecnicamente perdi a luta, mas, como a frase de Sun Tzu citada acima, eu conheço a mim mesmo e conheço também o meu oponente. É certo que meu adversário não aceitaria perder seu posto de tetracampeão mundial; como todo homem honrado, há nele amor-próprio, e eu também falei várias vezes que, se alguém tivesse obrigação de vencer a luta, essa pessoa não seria eu. Entretanto, eu também ganhei e tenho ganhado, afinal, você está lendo a minha história. Você foi fisgado pelo Rei do Marketing!

Desde o início deste livro tenho dito que sou intencional, este sempre foi meu objetivo, ser conhecido, reconhecido, estar no topo e continuar promovendo o esporte. Eu desejo estar no topo do mundo e sei que essa foi apenas uma estratégia bem-sucedida para

A ENERGIA DOS 36 SEGUNDOS

chegar lá! Eu ganhei a luta que escolhi lutar. E agora pergunto: em quais ringues você tem aceitado entrar? Qual tem sido o seu objetivo na vida?

Para entrar no ringue com o Popó, foram nove meses de preparação física e mental. Os três primeiros meses treinei em Miami e depois retornei para o Brasil. No dia 24 de novembro de 2023, em um treino, sofri uma lesão, rompi o tendão do tríceps braquial, um músculo localizado na parte posterior do braço,* o que me levou a treinar durante dois meses apenas o braço esquerdo.

Mesmo lesionado, eu permaneci com o objetivo de promover o esporte. Dias depois, na coletiva de imprensa, permaneci focado ao afirmar que era a minha primeira vez a subir no ringue e **que acreditava na minha capacidade de chocar o mundo**. Meu adversário sentiu-se ofendido pela minha postura incisiva e disse: "se você não calar a boca, vou te bater aqui". Naquela hora, ele tentou invadir meu espaço pessoal e houve uma nova lesão. Para que você entenda melhor, devido à idade e aos confrontos anteriores, eu já sentia dores em vários lugares no corpo, como no joelho e na mão, e aquele incidente me trouxe vários questionamentos.

Após o embate, perguntei a Deus se devia continuar e entrei em um conflito interno muito grande. Continuei com o tratamento convencional, fazendo sessões a laser e fisioterapia; hoje entendo

---

* O tendão do tríceps é uma estrutura fibrosa que conecta o tríceps à ulna, um dos ossos do antebraço. Este tendão desempenha um papel fundamental na extensão do cotovelo, ou seja, no movimento de estender o braço para endireitá-lo.

que devia ter procurado um tratamento com RPM* e células-tronco desde o início, mas também acredito que tudo contribuiu para que eu alcançasse o objetivo: chocar o mundo!

No último dia de 2023, minha esposa insistiu para que viajássemos até Florianópolis. Não era minha vontade viajar, porém fui convencido a ir. Viajamos e o meu intuito era o de me encontrar com o responsável pelo evento e fazer minha desistência de maneira formal.

Quem acompanhou nas mídias sabe como foi o meu empenho para que a luta acontecesse. Sozinho fui em busca de patrocinadores de peso e criei um storytelling em cima do episódio que seria, na minha concepção, a luta do ano. Eu visualizei o confronto, tracei uma narrativa em minha mente e me movimentei para que tudo saísse conforme idealizei. O palco não poderia ser outro a não ser o do Fight Music Show, que tem como idealizadores o Mamá Brito e a Clemilda Thomé, que sabem muito bem como conduzir um espetáculo; ele, conhecido por ser o coach dos atletas de alto rendimento, e a esposa, a primeira mulher no Brasil a entrar para o clube dos bilionários.

Sabendo da grandeza do evento e da expectativa que já havia gerado em torno desse momento, estar lesionado a poucos meses da luta mexeu com o meu emocional. Hoje eu tenho consciência de que aquela viagem era necessária. Ao falar com

---

* Sigla para Reequilíbrio Proprioceptivo e Muscular, um método de tratamento fisioterápico, criado pela francesa Françoise Mèziéres, que busca tratar dos problemas do sistema musculoesquelético.

A energia empregada para em 36 segundos chocar o mundo foi construída por anos.

o Mamá, exímio treinador, sugeriu que eu fizesse um tratamento com células-tronco e que permanecesse focado. E aqui abro um parênteses para perguntar: **quem tem caminhado ao seu lado o impulsiona na hora da dúvida ou mata seus sonhos?** O treinador Mamá foi uma pessoa que trouxe o impulso de que eu precisava para continuar. Mais uma vez eu reconheci que minha esposa estava certa ao insistir para que viajássemos, por isso sempre digo que ela é o meu amuleto.

Permaneci em Florianópolis durante três semanas, fazendo as aplicações de C-T (células-tronco), e fui liberado para treinar efetivamente no dia 26 de janeiro. Faltando um mês para a luta, com o meu braço lesionado, eu pude dar um murro em um saco de boxe. Eu entrei no ringue pela metade, ou seja, não estava 100% preparado fisicamente. O que você teria feito se estivesse no meu lugar?

Mesmo com toda a pressão, depois de alguns questionamentos, apeguei-me a Deus, alinhei minhas emoções e decidi permanecer, porque as desistências, caso ocorram, precisam ser por motivos que o levem a um novo patamar. Sun Tzu afirma que "Supremo é submeter o inimigo sem lutar". Entrar no ringue, mesmo lesionado, era o caminho para alcançar o objetivo: vencer sem precisar entrar em embate direto.

Para chocar o mundo em 36 segundos, foi necessário empregar muita energia. Poucos sabem o que enfrentei e como batalhei para a realização da luta que me colocou no posto de número um do Brasil novamente. Ter como patrocinadores o OnlyFans e a

A ENERGIA DOS 36 SEGUNDOS

Nike não é para qualquer um. Sou consciente da repercussão que causei em volta desse confronto com o Acelino Popó Freitas.

Um campeão não nasce pronto, da mesma forma o sucesso não é acidental. Eu sou o mesmo cara que criou a Maria Eugênia, que ganhou o primeiro BBB.

Respeito e admiro o meu adversário que, ao dar entrevistas após a luta, afirmou que eu fui o responsável por lotar a casa. Desde que ganhei o BBB, consegui manter-me na mídia, não parei de trabalhar e soube usar o storytelling a meu favor. A energia empregada para em 36 segundos chocar o mundo foi construída por anos. Ao contrário do que muitos pensam, não agi de má-fé, só consegui chamar a atenção, reter e converter para conquistar o que desejava. Não houve perdedores.

Como já relatei, sempre desejei os palcos e sempre soube que precisava me destacar de alguma forma para conquistar a atenção do público. Destaquei-me devido ao cuidado com o corpo, à prática de esporte e através das histórias que contei, narrativas que criei e que tocaram corações e mentes de tantas pessoas ao redor do país.

O storytelling não apenas me permitiu transmitir minhas ideias e valores de maneira mais impactante, também estabeleceu uma conexão genuína com meu público. Sei que nem todos concordam comigo, afinal, sou alvo tanto de amor quanto de ódio. Mas é justamente essa polarização que torna as minhas narrativas tão poderosas. Elas despertam emoções intensas, geram debates acalorados e mantêm a audiência engajada.

COMO CHOCAR O MUNDO EM 36 SEGUNDOS

Portanto, não subestime o poder do storytelling. Não precisei ir a uma faculdade ou fazer alguma mentoria para aprender sobre o maior ativo do mundo: a atenção. Enquanto muitos me viam como uma figura controversa, eu via essa característica como minha maior força. Minha autenticidade e determinação me permitiram criar uma conexão genuína com o público, compartilhando não apenas meus triunfos, mas também minhas lutas e vulnerabilidades. Repito: eu sei quem sou e sei do potencial que tenho para influenciar as pessoas, e sou humilde o suficiente para saber que a energia dos 36 segundos teve a contribuição de muitas pessoas.

Há uma frase de Sun Tzu que resume muito bem este capítulo: "Assim, aquele que se apoia em si mesmo e na sabedoria dos outros vencerá quando puder e, quando não puder, estará seguro de não se perder".

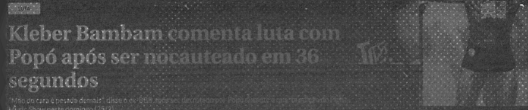

Kleber Bambam comenta luta com Popó após ser nocauteado em 36 segundos

"Mão do cara é pesada demais", disse o ex-BBB após ser derrotado por Popó durante a cara Fight Music Show neste domingo (25/2)

Capítulo 8

NÃO SE ACOSTUME COM O TOPO

A **meu ver, nós não** podemos apenas olhar para o nosso umbigo, precisamos conquistar o sucesso que tanto queremos e, ao mesmo tempo, pegar na mão de alguém que está buscando atingir o topo aonde chegamos.

A percepção começa a se abrir para duas concepções distintas: a material e a de plenitude, que engloba tudo o que nos envolve: corpo, alma e espírito. Muitas pessoas perderam de vista a ideia de que é melhor servir do que ser servido. Houve, sim, uma relativização da noção de justiça e verdade em relação ao que é certo ou errado.

Comprometer-se para alcançar o topo, o poder, é válido, e esse tem sido o meu esforço. Sempre interpretei isso como uma referência, e é no topo onde valorizei ainda mais a possibilidade de aplicar o bem, o amor e a solidariedade. Esses são sentimentos morais que estão presentes em cada um de nós.

Eu nasci para dar certo. Você nasceu para dar certo. Já falei nesta obra o que penso sobre a vitimização. Há pessoas que se apegam às desculpas para poder errar e não prosperar. Eu penso que nós temos que fazer sempre por nós, não dá para ficar esperando que alguém entregue nas suas mãos o carro que você sonhou, nós somos os protagonistas da nossa história e não os coadjuvantes. **Mudar a mentalidade de "espero que eu dê conta!" para "eu vou fazer acontecer" é o que vai virar o seu jogo.**

Eu sou embaixador do OnlyFans no Brasil, lá é onde mostro o meu *lifestyle* saudável, que incluem os meus treinos de boxe, musculação e corridas, estou constantemente nas mídias, participando de programas de televisão, sendo entrevistado e sou grato por tudo isso. Exatamente por tanta exposição e palco, procuro manter a minha vida com bom senso para não me achar forte e suficiente e cair em ciladas; eu fujo das minhas fraquezas, das minhas limitações.

Você consegue ter autocontrole quando tem consciência do que você não quer mais. Sabe aqueles velhos hábitos errados? Eles não o dominarão mais se você decidir. Pense fora da caixa, faça coisas diferentes, assim você vai adquirir novos aprendizados, isso trará novos repertórios. No capítulo 6, eu falei sobre as várias performances, é preciso adquirir novos conhecimentos e buscar desenvolver novas habilidades.

Neste sentido, o automerecimento é importante; se você entende que merece mais, com certeza, vai conseguir crescer. O fracasso, por exemplo, é experiência de vida, é um grande professor, você vai sair da dificuldade mais forte; é aquela velha história de nunca perdermos, pois os erros nos ensinam grandes lições. **Você é quem decide ficar no chão ou se levantar e nocautear a derrota; seguir trilhando o caminho para atingir o sucesso e ser bem-sucedido.**

Para obter bons resultados, certamente contei com a orientação de mentores e amigos leais.

A verdadeira lealdade é quando os amigos caminham juntos inclusive na incerteza, não apenas na celebração. Quem só o procura no topo já mostrou que não merece ser companhia na jornada. E nesse jogo, a reclamação é um atrapalho, não adianta reclamar porque está muito quente, que você está com sede ou que seu amigo não o convidou para aquela festa bacana, o que conta é que você não se diminua, pois isso não é sinônimo de humildade. A humildade é uma virtude.

Se o seu vizinho está com problemas, você tem duas alternativas, tentar ajudá-lo ou ignorá-lo, é um problema que você pode tentar solucionar se quiser. Encontrar o seu vizinho bem-humorado é melhor do que encontrá-lo chutando tudo e reclamando, não? O ambiente em que circulamos oferece uma grande possibilidade de pessoas criarem vícios ou abandoná-los, de apresentarem soluções ou se desvencilharem delas. Se você quiser parar de fumar, não frequente lugares onde as pessoas fumam. Se você focar o problema, o problema vai aumentar, se você focar a solução, certamente vai encontrá-la.

Você precisa ser estrategista e interessante, por exemplo, fui estrategista quando criei a boneca Maria Eugênia no *Big Brother*. Eu tenho um programa de podcast nos Estados Unidos, valorizo aquele lugar, mas levo a bandeira do Brasil por onde ando, amo o país onde nasci, somos muito benquistos na América. Eu sou patriota, desejo muito que haja mais unidade entre os brasileiros para que assim o nosso país se desenvolva em todas as áreas, na tecnologia, na educação, no esporte, na economia.

Lá, decidi fazer audiência, criei alguns critérios para isso, e hoje tenho uma audiência qualificada e que tem sido potencializada construindo histórias. Nesse podcast convido vencedores de UFC, lutadores de boxe, fisiculturistas e outros atletas que se destacaram com o boxe para trocar informações sobre os campeonatos, técnicas que aprendemos, técnicas que abandonamos, mas, principalmente, da nossa história de vida, das conquistas, dos processos até daquele "por onde começar a carreira".

São muitas histórias de resultados, lembro-me emocionado de como recebemos feedbacks importantes sobre fazer gestão da própria vida por meio de um grande atleta entrevistado, que aprendeu a tomar decisões na adolescência. Aos treze anos de idade, ele entendeu que precisava treinar na academia, o sonho dele era ser um grande lutador. A única academia que havia na região,

A verdadeira lealdade é quando os amigos caminham juntos inclusive na incerteza, não apenas na celebração. Quem só o procura no topo já mostrou que não merece ser companhia na jornada.

no interior do Nordeste, ficava a uma hora e meia de onde ele morava. Ele não viu nenhum obstáculo nisso, soube de um ônibus escolar da prefeitura que levava os estudantes todas as noite para a escola na cidade, então ia nesse ônibus, mas um dia o motorista soube que ele não era estudante e o proibiu de entrar. Esse transporte coletivo era gratuito para os estudantes, e era isso que facilitava o seu deslocamento.

A única renda que esse jovem tinha era resultante do seu trabalho de garçom aos finais de semana e todo o recurso financeiro era para a academia. Acredito que ele nem soubesse, mas estava trabalhando no seu desenvolvimento pessoal quando resolveu enfrentar a situação. O que decidiu fazer? Esse atleta, hoje campeão muitas vezes, foi até a casa do prefeito, foi sincero, contou sobre o seu sonho de ser um grande lutador e que agora estava impedido de pegar o ônibus. O prefeito se solidarizou com a causa, escreveu um bilhete, assinou e pediu que ele apresentasse ao motorista do ônibus escolar, assim ele seguiu treinando e aos quinze anos fez a sua primeira luta, na qual foi o campeão. A autoconfiança vem de sentir-se bem consigo mesmo, e ele tinha isso, acreditou que podia galgar grandes degraus e vencer.

Com os campeonatos que venci e com publicidade e propaganda decorrentes da minha trajetória artística e no esporte, furei a bolha lá nos Estados Unidos também. Com a fama, os *haters* surgiram; na realidade eles me perseguem desde o *Big Brother*, a minha atitude sempre foi de bloqueá-los, afinal, preciso cuidar da minha vida.

NÃO SE ACOSTUME COM O TOPO

Tenho um leão dentro de mim, e, sim, tive que pagar o preço, ou seja, me esforçar muito para ganhar as medalhas que conquistei, como a do principal campeonato de fisiculturismo do Estados Unidos em que fiquei em primeiro lugar. Houve uma rotina, precisei me dedicar, fazer jejum, cuidar da alimentação, treinar... Para ser um campeão, você precisa estar preparado, não pode contar com a sorte, não espere a sorte correr atrás de você, se prepare para ela.

A fama geralmente tem um prazo de validade; por exemplo, um participante do *Big Brother* costuma ter seis meses de exposição, alguns um pouco mais ou até menos. Se alguém se deslumbrar com a fama em qualquer área, a jornada pode se tornar consideravelmente mais difícil. É fundamental se reinventar constantemente e não ficar parado.

Eu trilhei um caminho de um personagem, sou o Bambam, um homem musculoso, entrei para a linha do mundo fitness, sou garoto propaganda de suplementos, sobrevivo ao *Big Brother*, não estagnei na minha carreira. Também tive outras chances de me destacar, ganhei o pódio várias vezes como atleta e me mantenho com dedicação, abrindo mão de muitas coisas para conquistar o que considero serem os meus alvos. Embora no topo, ao contrário de muitos, eu sei como aproveitar cada momento, não me acostumo a estar no topo como se dele não fosse mais sair, não desmereço ninguém pois sei que a fama é passageira. O problema de muitos é se esquecerem de que no caminho para o sucesso há altos e baixos, e algumas retas para caminhar. Muitos

103

Para ser um campeão, você precisa estar preparado, não pode contar com a sorte, não espere a sorte correr atrás de você, se prepare para ela.

NÃO SE ACOSTUME COM O TOPO

se emocionam e, devido à passagem do tempo, se esquecem de que, da mesma forma que subiram, podem descer.

Pense, o que teria acontecido se eu não tivesse aceitado o desafio de participar do *Big Brother*, passado por uma guerra lá dentro e criado um storytelling através da boneca Maria Eugênia? Se eu não tivesse me desafiado a ser bodybuilder,* se eu tivesse cedido aos *haters*, que história eu teria para contar? O que estou falando para você é que os desafios, as experiências fazem parte de quem está se movimentando e tem uma causa, tem um propósito.

Eu não sei quais foram as suas escolhas, mas o aconselho: desafie-se, você vai furar bolhas. O que é isso? Se você está na bolha de ser empregado, fure essa bolha para empreender. Você vai aprender com as próprias experiências, multiplique esse aprendizado e, observando, lendo a história de acertos e erros de outras pessoas, vai proporcionar que você faça gestão de tempo com eficiência.

Como uma pessoa comum se torna uma pessoa memorável, um gênio? Thomas Edison, por exemplo, não concluiu o ensino fundamental, ele era questionador desde criança, foi rejeitado pela escola que frequentava. A mãe passou a ser a sua mestra, ele lia todos os livros que tinham em casa, passou a ter uma formação muito superior às outras crianças. Resumindo, passou a fazer muitos experimentos no porão da sua casa. Edison criou o primeiro

---

* Um bodybuilder é uma pessoa que se dedica a construir e desenvolver a musculatura corporal através de treino intenso e nutrição adequada.

O problema de muitos é se esquecerem de que no caminho para o sucesso há altos e baixos, e algumas retas para caminhar. Muitos se emocionam e, devido à passagem do tempo, se esquecem de que da mesma forma que subiram, podem descer.

fonógrafo, um aparelho capaz de gravar e reproduzir sons. Mas, com a invenção da lâmpada incandescente em 1879, subiu ao patamar de gênio; assim nasceu a era da eletricidade. Foram mais de 10 mil tentativas até chegar a um resultado de sucesso. Thomas Edison dizia: "eu não falhei 10 mil vezes, apenas encontrei 10 mil maneiras que não funcionam". Ele motiva muitas pessoas até hoje com a sua história de perseverança e autoconfiança.

Michael Jordan, citado por especialistas como o maior jogador de basquete de todos os tempos, foi considerado por cinco temporadas seguidas o melhor jogador da NBA. Jordan treinava incansavelmente todos os dias da semana por horas. Aron Ralston, um alpinista que ficou preso por 127 horas numa pedra, teve a sua história registrada em um filme, outro exemplo de persistência.

Eu lhe falo, se trabalha para alguém, dê o seu melhor, se trabalha como autônomo, faça com excelência, tenha sede de crescimento. Eu busco conhecimento em várias áreas, com mais atenção para o esporte, o boxe e o fisiculturismo, mas também o financeiro. O conhecimento, por meio da leitura, é outro eixo importante, busco ser melhor do que eu mesmo todos os dias. Cuido da saúde, entendo que cuidar do próprio corpo envolve cuidar da mente e assim performar melhor.

Também dou atenção ao eixo emocional, que envolve você conhecer os mecanismos que o levam a resolver as coisas e ter proatividade para realizar os seus objetivos, isso inclui regras de prioridades na minha rotina. A autoconfiança surge por meio de objetivos e resultados e afeta a sua saúde, a sua psique, o seu futuro.

Cuidar do corpo, da alma e do espírito, construir networking de valor, servir ao próximo e celebrar as pessoas agregam valor à minha vida. Conectar sinergias representa o ciclo da minha vitória pessoal, que me faz entender que não posso me acomodar no topo; é preciso continuar me movimentando para alcançar níveis mais altos.

Kleber Bambam comenta luta com Popó após ser nocauteado em 36 segundos

"Mão do cara é pesada demais", disse o ex-BBB após ser derrotado por Popó durante a quarta edição do Fight Music Show neste domingo (25/2)

24/02/24*

* COMBATE. Popó nocauteia Bambam com 36 segundos no FMS4 (#shorts). YouTube, 25 fev. 2024. Disponível em: <www.youtube.com/shorts/iN_Edp_nGs0>. Acesso em: 28 ago. 2024.

Narrador 1: Vamos lá! Começa o combate, hein? Bambam já começa meio ansioso ali, movimentando, tremendo bastante pra um lado, pro outro.

Popó entrando com a primeira esquerda. Tentou jogar a direita... Bambam movimenta...

Narrador 1: OPAAAAAAA.

Narrador 2: Será que se ele levantar a mão a Maria Eugênia pode entrar?

Narrador 1: A primeira... A primeira já foi.

Narrador 3: Mas eu acho que vai ser rápido.

Narrador 4: Eu acho que isso é estratégia de Bambam.

Narrador 1: La vai o Popó. Vai pra cima, encara, joga a mão esquerda. E ele vai sem piedade, ó. Ele não vai esperar nada, ele vai resolver rápido. Bambam desesperado! Perdeu. Entrega um GPS pro Bambam, tá perdidinho no combate. Já caiu nas cordas. Mais um...

Narrador 2: Desequilibrou, não foi? É... desequilibrou.

Narrador 1: Acabou a luta! Ai, Bambam! É o Acelino que tá macetando e ele maceta sem dó.

COMO CHOCAR O MUNDO EM 36 SEGUNDOS

Você acaba de ler um trecho da narração do combate entre mim e o Popó. Se não assistiu à luta, pode comprovar que, realmente, foram 36 segundos para que eu fosse nocauteado. A partir desses 36 segundos, minha vida não tem sido a mesma. Você pôde ler nesta obra que, a meu ver, não houve perdedores, embora tecnicamente eu tenha sido nocauteado. Se você observar toda a minha trajetória após esses 36 segundos, verificará toda a exposição midiática a que estive submetido. Confesso que nada disso me surpreendeu, pois este livro está sendo escrito quinze dias após esse embate e até o momento não parei.

Minha felicidade é poder comprovar a aceitação que estou tendo, principalmente no público infantojuvenil. Tenho recebido vídeos no meu Instagram. São gravações de crianças, jovens e adolescentes que, inspirados em minha história, enquanto se divertem criando memes, também aprendem que a derrota é um ponto de vista.

Voltar a ser o Bambam do Brasil com certeza já estava predeterminado por Deus, pois em tudo eu vejo o agir e a proteção d'Ele em minha vida. Os novos acessos que conquistei, as novas parcerias, a criação do Bambam Instituto e tantas outras ações que nem eu havia sonhado estão acontecendo. Como dizem, mirei em um alvo e atingi vários outros, e isso eu devo ao meu protetor, a Deus.

Na conclusão desta obra, quero somente retomar o fato de que os críticos de plantão irão dizer que este livro não entregou aquilo que prometeu no título, que é saber como reter a atenção e convertê-la naquilo que você deseja. Considerando que todos têm

CONCLUSÃO

o direito de interpretar a partir do seu ponto de vista, o fato de eu ter exposto na mídia o quanto ganhei financeiramente com essa luta foi apenas uma questão de marketing.

Ao trazer você até aqui, meu objetivo não era falar de questões financeiras, porque infelizmente muitas pessoas pautam suas conquistas de acordo com os bens que possuem. Se você foi um leitor atento, percebeu que minha maior conquista é ter uma base familiar forte, é ter conquistado a realização dos meus sonhos mediante minha determinação e foco, é não ter perdido os princípios e valores que aprendi com meus pais, é não ter perdido a minha essência quando estive nos lugares mais altos, e não ter me corrompido por questões financeiras, é ter valorizado cada vitória e cada erro, pois, com meus erros, aprendi a me superar e não repeti-los.

Sei que, em certos momentos, fui repetitivo em alguns trechos de minha narrativa, mas, conforme pôde comprovar na explicação sobre meu nome, Kleber é "aquele que cola". Como uma música "chiclete", que gruda na mente e que você não esquece o refrão, a minha intenção foi fazer com que você guardasse alguns trechos a fim de que percebesse que mais importante do que o "como" é a caminhada, é o processo, e tudo aquilo que compôs a minha personalidade.

Não estou sendo hipócrita e muito menos omisso. Interprete minha narrativa da maneira que você quiser, todavia, eu aprendi que diante de Deus todas as coisas estão relacionadas à intenção do coração. Se você é cristão, certamente já ouviu a história de Caim e Abel. Os dois fizeram suas ofertas diante de Deus, mas somente uma foi aceita, a de Abel, o que causou inveja no irmão Caim, cuja oferta foi recusada. Essa recusa levou ao primeiro assasssinato da humanidade. Eu creio nessa história, talvez você a tenha somente como uma alegoria, uma metáfora, mas eu acredito que assim aconteceu. E se trago essa referência para esta conclusão, é para lhe mostrar que hoje esse tipo de situação continua se repetindo. Deus continua a aceitar aquele cujo coração é íntegro, reto, um coração que se mantém conectado a Ele; e Ele recusa aqueles que, por maldade, ferem princípios eternos ao buscar estar no topo valendo-se de meios escusos e inaceitáveis para Ele.

Se você é uma pessoa que acompanha a grande mídia, principalmente agora com a internet, pode verificar como muitos sites, que vivem de fofocas, buscam até mesmo criar narrativas para prejudicar alguém que está em evidência, o que infelizmente tem levado algumas pessoas a tirarem até mesmo a própria vida por não suportarem ver a exposição a que foram submetidas, e isso mostra que ainda existem muitos "Cains" em nosso meio, aqueles que não aceitam ver que seu irmão, o seu próximo, alcançou de maneira íntegra o sucesso, a fama, e, na concepção desses invejosos, ocupou o lugar onde gostariam de estar, mas não têm capacidade para chegar. Por isso, eu finalizo esta obra trazendo-lhe esta reflexão: não queira ocupar o lugar que é do outro, não busque destruir a imagem alheia.

Talvez seja o momento de voltar-se para dentro de si, buscar entender quais são as suas reais intenções, o que tem motivado

CONCLUSÃO

as suas ações. Se Deus chegasse diante de você, o abraçasse, e pudesse cheirar o seu coração, qual cheiro Ele iria sentir?

Sugiro a você que busque o autoconhecimento, que busque a autorresponsabilidade e trilhe seu caminho em direção ao topo de modo que não venha a quebrar princípios. Regras podem ser quebradas, falo porque sou um cara fora da curva, mas os princípios não devem ser quebrados, são inegociáveis. Em toda a minha trajetória, busquei seguir aquilo que meu coração me orientava, direcionado por Deus e pelos conselhos dos meus pais, busquei sempre ser a pessoa que alcançaria a fama sem precisar humilhar ou prejudicar alguém.

Para os jovens e adolescentes desta geração, deixo aqui um recado: blindem suas mentes, blindem suas emoções, não permitam que sua ambiência ou aqueles que estejam ao seu redor os desmereçam ou digam que seus sonhos são altos demais. Vocês são aquilo que Deus diz que são. Inclusive, há um texto sagrado que diz: "Como pensa a sua alma, assim será".

Quais são os seus sonhos? Aonde você quer chegar? Não espere que os outros façam por você. Movimente-se, acredite em seu potencial. Sejam bons filhos, valorizem suas famílias. Ouçam os conselhos dos mais velhos. Estudem, mesmo que não gostem. Quero fazer uma menção especial aos meus sobrinhos. O Lucas é um jovem de que tive o privilégio de ser o seu treinador no período em que morou comigo, dando instruções, sendo amigo. O Lucas é um garoto brilhante que sempre valorizou os estudos, passou em quatro faculdades renomadas. Meu outro sobrinho, da mesma forma, é um jovem que valoriza a família e que busca realizar seus sonhos sem quebrar princípios.

Orgulho-me da família que tenho, e é por isso que a mensagem que deixo para a juventude é a de que todos nós somos a soma de todas as nossas experiências e vivências, sejam elas boas ou ruins. Não espere uma fama instantânea, porque a fama, do mesmo jeito que vem, vai, e se você não tiver a mente e as emoções blindadas, não saberá aproveitar o momento para preparar seus próximos passos.

E caso você já esteja neste momento, no auge do que você considera sucesso, pare e repense quais são seus projetos para o futuro. Não viva somente do agora. Talvez seja o momento de voltar-se para dentro de si, buscar entender quais são as suas reais intenções, o que tem motivado as suas ações. Pode ser que você esteja neste momento nos 36 segundos mais importantes de sua vida, e o que fará com o que tem em mãos?

Finalizo com um trecho do rei Salomão, que diz: "de tudo o que se deve guardar, guarda o teu coração, porque dele procedem as saídas da vida". É por isso que, sempre, meu coração preservo conectado a Deus e sei que os próximos passos já estão alinhados com aquilo que Ele tem determinado para mim nesta Terra.

Kleber Bambam comenta luta com Popó após ser nocauteado em 36 segundos

"Mão do cara é pesada demais", disse o ex-BBB após ser derrotado por Popó na quarta edição do Fight Music Show neste domingo (25/2)

por d. Sueli

O BAMBAM
DO BRASIL

Como toda mãe, não preciso dizer o quanto sou feliz pelo filho que tenho. Independentemente de hoje ser o Bambam do Brasil, sempre olho para o Kleber como um bom filho, um garoto decidido, um menino de fé. O perfil de um homem persistente, forte e resiliente que a mídia conhece é fruto de uma infância muito bem vivida e cheia de mimos. Quando falo que o Kleber foi mimado, refiro-me ao fato de ter sido um filho muito desejado: durante a gestação, o pai dele chegou a fazer uma promessa: caso o bebê fosse do sexo masculino, ele pararia de fumar. O desejo foi atendido e a alegria do pai era quase palpável. Ele parou de fumar, mas ficou com vício em bebidas alcoólicas.

O pai adorava o filho, como dizem popularmente, era "Deus no céu e o Kleber na Terra". Para ter uma noção dessa veneração, Antônio viajou de ônibus para Porto Seguro só para levar a bicicleta do Kleber. Quando o filho ganhou o BBB, ele ia direto para o Rio de Janeiro e ficava hospedado no apartamento do Kleber. Muito orgulhoso, quando eu perguntava o que estava fazendo, dizia-me que estava "acompanhando o menino que andava na praia, ia nos morros, nos bailes funks", os dois se curtiam mesmo. Costumo dizer que o Antônio tinha loucuras pelo filho.

Vale ressaltar que o vício em álcool em nada o impediu de cumprir o seu papel de pai. Foi um bom pai. Nos momentos em que ficava alcoolizado e tinha atitudes das quais eu não gostava, bastava eu dizer que ia ligar para o Kleber que ele parava na hora. Respeitava muito o filho, os dois nunca brigaram. Algo que me deixa muito tranquila e orgulhosa é saber que, apesar do vício do pai, o meu filho nunca me deu problemas com bebidas e uso de drogas. Esse é o maior presente que ele me deu, fico satisfeita de ver que meu filho é assim! Ele pode se exceder nas palavras, aumentar o tom, mas está sempre consciente. O Kleber sempre foi disciplinado, embora participasse de muitas festas, nunca se envolveu com nada que o prejudicasse, e isso é algo que realmente o diferencia dos demais.

Quando o Kleber decidiu sair de casa em busca de realizar seu sonho, eu chorei muito. Ele fez muita falta, mas não o segurei perto de mim. Como todo filho que é obediente e respeita a família, sempre que podia ele ligava para dar notícias do que estava fazendo e dizer se estava bem ou não. Nunca me escondeu as dificuldades por que passava, foram momentos de apertos, às vezes, por falta de dinheiro, só ligava uma vez no mês, contudo foi resiliente.

Lembro-me de uma vez, quando a situação financeira estava melhor, nós pegamos um voo e chegamos a Porto Seguro de surpresa. Nossa, parecia que ele era o prefeito da cidade! Conhecia todos os lugares; por onde passava, todas as pessoas brincavam com ele, isso aconteceu no período em que ele trabalhava com a Kombi fazendo panfletagem pela cidade e havia se tornado sócio em um bar. O fato de ser dançarino e de ter trabalho como segurança o fazia ser bem conhecido no local.

Tenho muito orgulho do meu filho, que tem um coração gigante e chora com facilidade. As emoções do Kleber vivem à flor da pele, ele é muito emotivo. Quando foi escolhido para ser o soldado *Planeta Verão*, ele me ligou e foi um grande "chororô": eu, o pai e a irmã em casa e ele do outro lado da linha. Que momento especial, parecia que era um grande evento, aliás, foi um marco, pois era o sonho dele ser paquito e estava próximo de acontecer!

Minha família é pequena, porém unida: dois filhos, dois netos, um genro e uma nora. Torcemos uns pelos outros, fazemos o que for preciso pelos nossos familiares. Graças a Deus, eu me sinto realizada de ter o Kleber e a Kelly como filhos. Quando meus filhos eram menores, tínhamos uma rotina de sairmos juntos em família para ir ao cinema e para comer pizza. Hoje vejo famílias que brigam entre si, lares desestruturados e filhos sem referências, mas me alegra saber que o meu filho, apesar de ter convivido com o pai que lutou contra o vício, não cresceu com traumas ou bloqueios, porque foi muito amado e celebrado por todos. A minha filha sempre soube do xodó que o pai tinha pelo irmão, e isso também não causou desavenças em nosso lar.

Não tenho dúvidas de que a base familiar foi fundamental para levar o meu filho ao patamar em que ele se encontra. Em minha casa, nós acreditamos em Deus e tínhamos o hábito de rezar, isso contribuiu para que o Kleber fosse um homem de fé; era de rezar, colocar as fitinhas no braço; recentemente foi ao Santuário de Nossa Senhora Aparecida. Ele é protegido e guiado por Deus. Algo que também quero relatar é que, entre as muitas alegrias e orgulho que o Kleber me deu, está a minha nora. Ele demorou para se casar, mas quando o fez, trouxe para nossa família uma mulher admirável, centrada, inteligente, sensata, alguém que contribuiu muito para o crescimento do Kleber.

Sou grata a Deus pela família que tenho, aqui é "um por todos e todos por um".

LUTA

Kleber Bambam comenta luta com Popó após ser nocauteado em 36 segundos

"Mão do cara é pesada demais", disse o ex-BBB após ser derrotado por Popó durante a quarta edição do Fight Music Show neste domingo (25/2)

por Solange,

esposa do Kleber

UM CORAÇÃO
CONQUISTADOR

Nunca me envolvi com artistas ou com pessoas que estavam em destaque nas mídias, faço referência a isso pelo fato de que o meu envolvimento com o Kleber não tem relação com a sua figura pública. Desde o primeiro momento em que nos conhecemos, fui atraída pelo ser humano que ele é. Claro que sua aparência física não lhe permite passar despercebido, mas o que me conquistou e me encantou foi o seu coração enorme.

O Kleber, ao contrário do que muitos possam julgar, é um homem sensível, muito ligado à família, bondoso, gosta de ajudar a todos e tem uma fé que me encanta, sempre coloca Deus em primeiro lugar. Ele não vê acaso em nada, independentemente do contexto, favorável ou não, ele analisa e pondera da seguinte forma: "Sol, se aconteceu isso é porque Deus está colocando isso no meu caminho. Porque alguma coisa eu vou ter que fazer, alguma coisa está predestinada".

Essa crença de que ele tem uma missão, um propósito para realizar, é algo muito forte. A confiança em Deus é inabalável, e ele acredita piamente que foi predestinado para realizar grandes feitos. É o autoconhecimento, a autorresponsabilidade, a determinação e o foco que me inspiram a cada dia; quando o Kleber deseja algo, nada o demove de seu objetivo, coloca toda a energia e trabalha dobrado para conquistar o que almeja. Isso realmente é inspirador. Sempre estamos aprendendo com as pessoas com as quais convivemos, e uma coisa que eu aprendi muito com o Kleber é ser determinada.

A determinação do meu esposo é surpreendente, ele consegue chegar aonde quer porque realmente é bastante obstinado. Tenho consciência de que a base familiar do Kleber contribuiu para isso, ela é importantíssima, ele é proveniente de uma família muito estável. Não podemos ignorar a influência de sua família na formação do seu caráter.

Quem já teve o privilégio de conhecer os familiares do Kleber pode comprovar que são pessoas do bem, pessoas honestas. Foi no seio familiar que ele aprendeu a ser um bom administrador de seus recursos, nunca o vi fazer nada por impulso ou adquirir bens que não os possa pagar à vista. Não gosta de dever nada a ninguém, como ele mesmo diz: "Aprendi a não dar o passo maior que a perna e a não viver de ilusão". Definitivamente, não podemos negar que somos influenciados pela base familiar que temos.

Desde que me casei, minha relação com a família do Kleber é maravilhosa. Minha cunhada é minha melhor amiga, às vezes, converso mais com ela do que com o Kleber, e é claro que converso com minha sogra também, aprendi a admirar essa família que agora é a minha família. Da mesma forma, fico feliz ao ver que essa relação harmoniosa alcançou a minha filha, pois o Kleber tem uma relação muito boa com ela, diga-se de passagem: ele a adora e, com seu jeito singular, ele também a conquistou. Isso para mim reflete o quanto ele é maravilhoso, pois a minha filha é aquariana e, tal como o Kleber, tem personalidade forte e mesmo assim eles se entendem muito bem. O fato também de eu ter acessado o coração dos sobrinhos do Kleber a ponto de me chamarem de tia, comprova que nós conseguimos fazer uma fusão familiar.

Eu poderia tecer muitos comentários em relação ao meu esposo, mas, além de sua determinação, o que quero ressaltar é sua idoneidade; ele é um homem de palavra. Quando diz algo, cumpre. Não é alguém que faz promessas e não as cumpre, nem lança palavras ao vento. Eu o admiro por isso. Se ele diz algo, posso ficar tranquila, pois confio que fará o que me disse. Ele não volta atrás em suas promessas; se diz que vai conquistar algo, sei que conseguirá devido à sua determinação e compromisso.

Definitivamente, por trás de tantos músculos, há um coração encantador que me conquistou.

Em família: Sr. Antônio, d. Sueli, Kleber e Kelly, 1978.

Kelly, d. Sueli, Kleber e sr. Antônio, 1981.

D. Sueli, Klebler e Kelly.

Kleber Bambam e sua avó materna, 2003.

Bambam, d. Sueli e Kelly.

Kleber e Solange antes da luta, fevereiro de 2024.

Participação na primeira edição do Big Brother
Brasil, o maior reality show do Brasil, 2002.

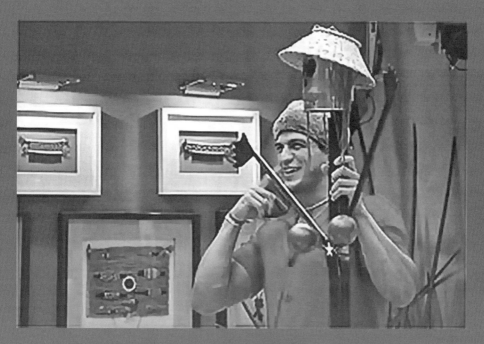

Bambam e a boneca Maria Eugênia na casa do BBB, 2002.

© 2024, KLEBER BAMBAM

© 2024, BUZZ EDITORA

Nesta edição, respeitou-se o novo Acordo Ortográfico da Língua Portuguesa.

Extração de conteúdo SANDRA SELINO
Transcrição ANDRÉIA BOEIRA
Capa GERSON NASCIMENTO
Fotógrafo da capa LUCAS DE PAULA
Projeto gráfico e diagramação ROGÉRIO SALGADO

Dados Internacionais de Catalogação na Publicação (CIP)
(Câmara Brasileira do Livro, SP, Brasil)

Bambam, Kleber
   Como chocar o mundo em 36 segundos / Kleber Bambam.
   1ª ed. São Paulo: Buzz Editora, 2024

ISBN 978-65-5393-378-1

1. Histórias de vida 2. Homens — Autobiografia 3. Narrativas
pessoais 4. Sucesso 4. Sabedoria I. Título.

24-223183   CDD-920.71

Índice para catálogo sistemático:
1. Homens : História de vida : Autobiografia 920.71

Eliane de Freitas Leite — bibliotecária — CRB-8/8415

Fontes BASKERVILLE, REDIG e SPAECIAL ELITE
Papel ALTA ALVURA 90 g/m²
Impressão IMPRENSA DA FÉ

Todos os direitos reservados à:
Buzz Editora Ltda.
Av. Paulista, 726, Mezanino
CEP 01310-100, São Paulo, SP
[55 11] 4171 2317
www.buzzeditora.com.br